Pusteblume

Das Sprachbuch 3

Berlin, Brandenburg, Mecklenburg-Vorpommern, Sachsen-Anhalt und Thüringen

Neubearbeitung

Herausgegeben von Wolfgang Menzel

Erarbeitet von
Sophie Böhme, Erfurt,
Anne-Kathrin Jurgan, Rangsdorf,
Hennrika Nehls, Satow,
Vivian Steppat, Alperstedt,
Marion Wilke, Zossen

Unter Einbeziehung der Erarbeitung von
Christel Jahn, Wolfgang Kunsch, Wolfgang Menzel,
Udo Schoeler, Brigitte Schulz, Sabine Stach-Partzsch,
Katja Vau

Unter Beratung von
Katrin Lehmann, Wanzleben
Günther Sanmann, Salzgitter

Illustriert von
Angelika Citak, Lisa S. Rackwitz, Anke Rauschenbach

Schroedel

Inhaltsverzeichnis

Lernen lernen
Richtig schreiben
Sprache untersuchen
Texte verfassen

Früher und heute

Gesund leben

Große und kleine Tiere

Im Jahreskreis

Anhang

▶ Kompetenzen   ▶ Verweis auf Sprachbuchseite   ▶ Verweis Arbeitsheft: AH S.
▶ Verweis Forderkartei: Fo Nr.
▶ Verweis Förderheft: Fö S.
▶ Arbeitsheft inklusiv: AH inklusiv S.

3

Im Buch stöbern

① Wie heißt die Überschrift auf Seite 78?

② Auf welcher Seite beginnt das Wörterverzeichnis?

④ Suche dein Lieblingsbild im Buch. Auf welcher Seite ist es zu finden?

③ Auf welcher Seite beginnt das Kapitel **Große und kleine Tiere**?

⑤ Suche diese Bilder. Zu welchen Kapiteln gehören sie?

⑥ Welche Kapitelüberschrift findest du spannend?

1 Lies dir die Karten von 1 bis 11 durch.

2 Suche dir fünf Karten von der Pinnwand aus.
Schreibe die Fragen ab und beantworte sie im Satz.

3 Denke dir selbst eine Frage für ein anderes Kind aus.

▸ mit Texten arbeiten
▸ sich im Buch orientieren

⑦ Suche eine Geschichte zum Herbst. Auf welcher Seite hast du sie gefunden?

⑧ Um welchen Beruf geht es auf Seite 99?

⑨ Wie heißt der erste Satz auf Seite 83?

⑪ An wen schreibt Paul einen Brief? Schau auf Seite 94 nach.

⑩ Welches Kapitel beginnt auf Seite 66?

Wichtige Seiten zum Üben
Seite 14: Mit dem Wörterverzeichnis arbeiten
Seite 32: Wörter üben

Wichtige Zeichen im Buch

1 Vor jeder Aufgabe steht eine Zahl.
2 Eine Zusatzaufgabe erkennst du an dieser Farbe.
Zusatzwörter oder Zusatztexte erkennst du auch an dieser Farbe.

Tipp
Hier erhältst du Tipps.

Ich – du – wir

Erster Schultag in der 3. Klasse

1 Am ersten Schultag treffen sich die Kinder im Klassenraum. Schaut ihre Gesichter genau an. Wie könnten sie sich fühlen?

traurig	fröhlich	glücklich	müde	ängstlich
aufgeregt	gelangweilt	wütend	einsam	mutig
unzufrieden	unglücklich		ärgerlich	zufrieden

2 Wähle 6 Kinder aus. Ordne die Adjektive den Kindern zu.
Schreibe so: *Leon ist fröhlich.*
Milan fühlt sich ...
Tim schaut ...

3 Wähle zwei Kinder aus. Überlege, warum sie sich wohl traurig, ängstlich oder glücklich fühlen. Tausche dich mit einem Partner aus.

4 Wie hast du dich am ersten Schultag der 3. Klasse gefühlt? Erzähle.

6

▶ nonverbale Äußerungen deuten   ▶ Richtig schreiben S. 18   ▶ Arbeitsheft: S. 11, 12
▶ Wörter bilden: Adjektive   ▶ Lernen lernen S. 15, 16   ▶ Fö/Fo: S. 10, 11, 40/ Nr. 21, 22, 79
▶ Gefühle ausdrücken   ▶ AH inklusiv: S. 20, 21

5 Schaut euch die Bilder an.
Wie könnten sich die Kinder fühlen?

6 Ordne die Wörter für Gefühle in die Tabelle ein.
Einige Wörter passen in beide Spalten.

angenehme Gefühle	unangenehme Gefühle
der Spaß	die Angst
...	...

der **Spaß**   die **Angst**   die **Freude**   die **Furcht**   die **Lust**
die **Langeweile**   die **Geborgenheit**   der **Schreck**   der **Mut**
die **Aufregung**   die **Einsamkeit**   die **Liebe**   der **Ärger**

7 Worauf freust du dich in der 3. Klasse?
Wovor hast du vielleicht etwas Angst?

▶ Wortarten kennenlernen: Nomen
(Substantive)
▶ Antworten formulieren
▶ Sprache untersuchen S. 21
▶ Lernen lernen S. 15, 16
▶ Arbeitsheft: S. 14
▶ Fö/Fo: S. 10, 11, 45 / Nr. 90
▶ AH inklusiv: S. 20, 21

Das Streitgespräch

○ **1** Lest das Streitgespräch in verteilten Rollen.

◇ **2** Wie könnte das Gespräch weitergehen? Überlegt gemeinsam.

◇ **3** Vervollständige die letzte Sprechblase.

◇ **4** Spielt das Gespräch in verteilten Rollen nach.

▸ Gesprächsrollen einnehmen   ▸ Lernen lernen S. 14–16   ▸ Förderheft: S. 10, 11, 14, 15
▸ Gespräche weiterführen   ▸ Forderkartei: Nr. 27–30
▸ Konflikte lösen   ▸ AH inklusiv: S. 27, 28

Giraffensprache und Wolfsprache

1 Schaut euch die Tiere an und lest die Wörter.

Wolfsprache

verletzend wütend
knurrend unfreundlich
laut zornig bissig

Giraffensprache

verständnisvoll
gerecht
respektvoll
freundlich
herzlich
lieb
ruhig
sanft

2 In einem Gespräch verwenden wir manchmal die Sprache der Giraffen und manchmal die der Wölfe. Worin unterscheiden sich die Sprachen? Sprecht darüber.

3 Welche Sprache fällt dir in Streitsituationen leichter? Begründe.

4 Lest die Aussagen der Kinder.

Ich möchte, dass du keine bösen Wörter zu mir sagst.

Ich ärgere mich, wenn du dich vordrängelst.

Hau ab, heute spiele ich mit Tim!

Ich will das nicht! Du verstehst wieder gar nichts! Du bist doch blöd!

5 Ordnet die Aussagen der Giraffen- und der Wolfsprache zu.

6 Spielt selbst eine Streitszene vor, in der ihr die Giraffen- und Wolfsprache verwendet. Wechselt auch die Rollen.

▶ Wirkung von Sprache reflektieren   ▶ Lernen lernen S. 14-16   ▶ Arbeitsheft: S. 26
▶ Rollenspiel gestalten   ▶ Sprache untersuchen S. 40   ▶ Fö/Fo: S. 10, 14 / Nr. 27–30
▶ Wortarten kennenlernen: Adjektive   ▶ AH inklusiv: S. 27, 28

Probealarm in der Schule

◇ **1** Lest den Text.

Probealarm
Wir saßen in unserer Klasse.
<u>Da</u> ertönte das Alarmsignal.
<u>Da</u> ließen die Kinder ihre Schulsachen
im Klassenraum und stellten sich an der Tür auf.
<u>Da</u> schloss die Lehrerin die Fenster.
<u>Da</u> nahm sie das Klassenbuch mit.
<u>Da</u> gingen alle Kinder einen bestimmten Weg
zum Sammelplatz.
<u>Da</u> stellten sich die Kinder klassenweise auf.
<u>Da</u> kontrollierte die Lehrerin mit dem Klassenbuch,
ob kein Kind fehlt.
Zum Glück war es nur ein Probealarm.

Plötzlich …

Sofort …

Nun …

Dann …

Danach …

Anschließend …

Dort …

Zum Schluss …

◇ **2** Ersetze die unterstrichenen Wörter mithilfe der Wortkarten.
So klingt der Text besser. Schreibe die Sätze dann in dein Heft.

◇ **3** Hast du schon einmal einen Alarm in der Schule erlebt?
Berichte darüber.

10

▶ Texte überarbeiten
▶ Sprechanlässe wahrneh-
  men: Berichten
▶ Texte verfassen S. 22
▶ Lernen lernen S. 15, 16
▶ Arbeitsheft: S. 16
▶ Förderheft: S. 21
▶ Forderkartei: Nr. 39

Symbole für den Notfall

○○
○ **1** Paul entdeckt auf dem Weg durch das Schulhaus
verschiedene Schilder mit Symbolen. Sie sollen im Notfall helfen.
Ordnet jedem Symbol die richtige Bedeutung zu.

①

②

③

④

a. Sammelstelle – hier treffen
wir uns im Notfall.

b. Notausgang – der Rettungsweg
befindet sich in Pfeilrichtung.

c. Feuerlöscher – für den Notfall gibt es
hier einen Feuerlöscher. Nur
die Erwachsenen dürfen ihn benutzen.

d. Barrierefreier Rettungsweg – Menschen,
die nicht gut laufen können,
nutzen diesen Notausgang.

○○
○ **2** Warum sind Symbole oft besser als schriftliche Hinweise?
Überlegt gemeinsam.

○
○ **3** Erfinde selbst ein Symbol. Schreibe dazu, was es bedeutet.

○
○ **4** Erkundet, welche Symbole für den Notfall es an eurer Schule gibt.
Wo habt ihr sie entdeckt?

▸ Piktogramme nutzen und   ▸ Lernen lernen S. 34   ▸ Forderkartei: Nr. 17, 18
gestalten

Klassenrat

Die Kinder der Klasse 3a treffen
sich einmal im Monat zum Klassenrat.
Gemeinsam mit der Klassenlehrerin
besprechen sie wichtige Themen.

◦ **1** Was die Kinder besprochen haben, steht in einem Protokoll.
Lest euch das Protokoll genau durch.

Protokoll

Klassenrat vom: 27. Mai
Anwesend waren: Frau Meyer, Kinder der Klasse 3a
Es fehlten: Jonas, Lisa

Themen	von	Verbesserungs-vorschläge	Verantwortliche
Wer bekommt den Ball in der Pause?	Lea	Wir erstellen einen Plan. Jeden Tag wechseln wir uns ab.	der Ordnungsdienst
Lautstärke in der Frühstückspause	Ben	Wir wählen einen Leise-Wächter. Er klingelt, wenn es zu laut ist.	der Leise-Wächter

◦ **2** Fasst zusammen:
Welche Themen wurden im Klassenrat besprochen?
Welche Vorschläge hatten die Kinder?

◦ **3** Welche Ideen hast du zur Lösung der Probleme?

◦ **4** Was würdest du gern im Klassenrat besprechen?
Schreibe deine Themen auf.

◦ **5** Stellt eure Themen vor und sprecht darüber.

▶ Textsorten kennenlernen: ▶ Lernen lernen S. 15, 16   ▶ Förderheft: S. 10, 11
   Protokoll   ▶ Forderkartei: Nr. 21, 22
▶ Vorhaben diskutieren   ▶ AH inklusiv: S. 20, 21

Ideenkiste

Komplimente-Dusche

Komplimente sind so angenehm
wie eine warme Dusche.
Hier findet ihr einige Ideen,
wie ihr eine **Komplimente-Dusche**
durchführen könnt.

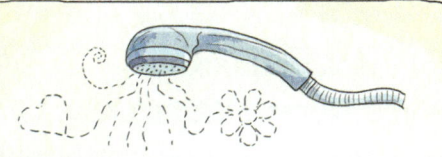

Ein Kind wird ausgewählt.
Es setzt sich auf einen Stuhl,
der in der Mitte
des Stuhlkreises steht.
Die Mitschüler lassen nun nette
Worte und Komplimente regnen.
Jeder sagt, was er an dem Kind
im Kreis mag.

Ich mag dich, weil du mir
bei meinen Aufgaben hilfst.

Wie hast du
dich gefühlt?

Befestigt gegenseitig ein DIN-A4-Blatt
mit Klebestreifen an euren Rücken.
Nun spaziert durch den Raum.
Im Hintergrund spielt leise Musik.
Schreibt den Kindern, die ihr
auf eurem Spaziergang trefft,
nette Komplimente auf den Rücken.
Wenn die Musik aufhört, darf jeder
den Zettel vom Rücken nehmen und
sich seine Komplimente durchlesen.

▶ für andere schreiben
▶ eine eigene Meinung äußern

▶ Förderheft: S. 10, 11
▶ Forderkartei: Nr. 21, 22
▶ AH inklusiv: S. 20, 21

Mit dem Wörterverzeichnis arbeiten

Das Wörterverzeichnis beginnt auf Seite 144.

1 Im Wörterverzeichnis sind die **Silben** der Wörter durch
unterschiedliche Farben **getrennt**. Trenne die Wörter nach
ihren Silben und vergleiche danach mit dem Wörterverzeichnis.

Treppe	Tür	spaßig	rennen	Lexikon	Buch
langsam	Gebäude	freundlich	Schlüssel		

2 Nomen (Substantive) sind in der **Einzahl** dick gedruckt,
in der **Mehrzahl** dünn gedruckt. Suche die Nomen (Substantive) von
Aufgabe 1 im Wörterverzeichnis und schreibe sie mit Mehrzahl auf.

3 **Verben** sind in der **Grundform** (Infinitiv) dick gedruckt.
Die gebeugten Verbformen stehen dahinter.
Suche die Grundform dieser Verben im Wörterverzeichnis.
Schreibe so: *wiegt – wiegen S. 157*

wiegt	schwamm	zielt	bohrt	erzählte	rannte
kennt	schrieb	liest	erschrak	warf	hüpft

4 Auch zusammengesetzte Verben stehen im Wörterverzeichnis.
Welche Verben kannst du zusammensetzen? Schlage sie nach.

ver-   auf-   ab-   -zahlen   -zählen

er-   be-   -malen

5 Zusammengesetzte Nomen (Substantive) findest du nicht
im Wörterverzeichnis. Du musst die einzelnen Wörter suchen.
Schreibe sie mit Artikel und Seitenzahl auf:
das Streitgespräch – das Gespräch, S. 148, der Streit S. 155

Probealarm	Kellertreppe	Kapitelüberschrift	Klassenraum
Notausgang	Notfallsymbol	Klassenbuch	Rollstuhlfahrer

▶ Wörterverzeichnisse nutzen
▶ Wortarten kennen
▶ Alphabet als Ordnungsprinzip kennen

▶ Richtig schreiben: S. 17
▶ Sprache untersuchen:
   S. 75, 76, 57, 58

▶ Arbeitsheft: S. 8
▶ Fö/Fo: S. 4, 5 / Nr. 9–12
▶ AH inklusiv: S. 9–12

Lernen lernen

Denken – Austauschen – Besprechen: DAB

Für die Lösung eines Problems gibt es oft unterschiedliche Ideen.
Das habt ihr bestimmt schon erlebt.
Wichtig ist, dass ihr euch auf einen gemeinsamen Vorschlag einigt.

Tipp

Denken – Austauschen – Besprechen: DAB
- Jedes Kind denkt allein über eine Fragestellung nach.
- Nach einigen Minuten tauscht sich jeder
  mit einem Partner aus.
- Danach besprechen jeweils zwei Partnergruppen
  gemeinsam ihre Ergebnisse.

1 Betrachtet die Bilder und lest die Tipps.
Beantwortet dann folgende Fragen:

- Was passiert zuerst?
- Wer tauscht sich mit wem aus?
- Was wird den Partnergruppen vorgestellt?

2 Probiert nun **DAB** aus. Überlegt euch vorher ein Thema:
Umweltschutz, Schulhofgestaltung, Schulfest, Streit, …

3 Was hat bei euch gut geklappt? Welchen Tipp habt ihr
für das nächste Mal? Sprecht darüber.

▶ Konflikte lösen   ▶ ich – du – wir, S. 9   ▶ Förderheft: S. 10, 11
▶ Gesprächsregeln beachten   ▶ Forderkartei: Nr. 21, 22, 25, 26
▶ Ergebnisse reflektieren   ▶ AH inklusiv: S. 20, 21

Im Karussell sprechen und zuhören

Alle Kinder sprechen miteinander im Karussell
über ein bestimmtes Thema. Dabei stehen oder sitzen sich
immer zwei Kinder in einem Doppelkreis gegenüber.

Wenn ich Geburtstag habe,
dann feiere ich mit meiner Familie.

Tipp

Karussell
- Die Partnerkinder sprechen abwechselnd und sehr leise.
- Sie schauen sich an und hören sich aufmerksam zu.
- Beim vereinbarten Zeichen rücken alle Kinder
  im Außenkreis um einen Platz nach rechts weiter.

1 Betrachtet das Bild und lest die Tipps.
Beantwortet dann folgende Fragen:

- Wie bildet man ein Karussell?
- Wie spricht man im Karussell?
- Wie hört man zu?
- Wie rückt man weiter?

2 Probiert nun das Karussell aus.
Vereinbart vorher ein Thema, über das ihr sprechen wollt:
das letzte Wochenende, die Ferien, das Sportfest, ...

3 Was hat bei euch gut geklappt? Welchen Tipp habt ihr
für das nächste Mal? Sprecht darüber.

▶ Gesprächsregeln beachten
▶ Fragen beantworten
▶ Ergebnisse reflektieren
▶ Ich – du – wir: S. 8, 9
▶ Vom Wasser und vom
  Wetter S.46
▶ Förderheft: S. 10, 11
▶ Forderkartei: Nr. 21, 22, 25, 26
▶ AH inklusiv: S. 20, 21

Lernen lernen

Lange und kurze Selbstlaute (Vokale) unterscheiden

◇ **1** Lest die Wortpaare deutlich vor.

> Schafe – schaffen
> Hüte – Hütte
> raten – Ratten

2 Trenne die Wörter nach ihren Silben.
Schreibe so: *Scha-fe, schaf-fen, …*

3 Arbeite mit einem Partner.
Beobachtet, bei welchen Wörtern von Aufgabe 1
sich der Mund nach der ersten Silbe wieder schließt.
Bei welchen Wörtern bleibt der Mund
nach der ersten Silbe geöffnet?

Merksatz

Viele Wörter haben zwei Silben: *Scha-fe, schaf-fen, …*
- **Schließt** der Mund nach der ersten Silbe,
  dann spricht man einen **kurzen Selbstlaut** (Vokal): *schaf-fen.*
- Bleibt der Mund nach der ersten Silbe **geöffnet**,
  dann spricht man einen **langen Selbstlaut** (Vokal): *Scha-fe.*

---

4 Trenne die Wörter nach ihren Silben. Trage sie in die Tabelle ein.

Wörter mit kurzem Selbstlaut	Wörter mit langem Selbstlaut
Flam-me	Na-me

> Name – Flamme   Strafe – Affe   pupen – Puppen
> Dame – Dämme   Blumen – summen

◇ **5** Markiere in der ersten Silbe den kurzen Selbstlaut mit einem Punkt
(Flam-me) und den langen Selbstlaut mit einem Strich (Na-me).

6 Schau dir die Wörter mit kurzem Selbstlaut an. Was fällt dir auf?

▶ Rechtschreibstrategie anwenden: Mitsprechen
▶ Vokallänge prüfen
▶ Lernen lernen: S. 14
▶ Arbeitsheft: S. 10
▶ Fö/Fo: S. 28 / Nr. 61, 62
▶ AH inklusiv: S. 7

Adjektive mit den Wortbausteinen -ig und -lich schreiben

◇ **1** Ordne die Adjektive in die Tabelle ein. Schreibe so in dein Heft:

Adjektive mit -ig	Adjektive mit -lich
lustig	schrecklich

> lustig   mutig   schrecklich   ängstlich   dreckig   friedlich
> fleißig   freundlich   sportlich   feindlich   traurig   witzig

◇ **2** Unterstreiche die Endungen **-ig** und **-lich**.

Merksatz

> Fast alle **Adjektive** mit den **Wortbausteinen** -**ig** und -**lich**
> stammen von anderen Wörtern ab:
> *eckig – die Ecke, freundlich – der Freund.*
> Wenn du das Adjektiv verlängerst, hörst du **-ig** oder **-lich**:
> *lustig – lustige, sportlich – sportliche.*

3 Wähle aus jeder Spalte von Aufgabe 1 drei Adjektive aus.
Schreibe Wortgruppen:
der lustige Junge, das …

4 Schreibe zu den Nomen (Substantiven) das passende Adjektiv
mit **-ig** oder **-lich**. Schreibe so: *der Spaß – spaßig, …*

> Spaß   Glück   Gift   Herz   Fleiß   Freund   Winter   Zorn

5 In jeder Zeile hat sich ein falsch geschriebenes Adjektiv versteckt.
Schreibe es richtig in dein Heft.

> feierlich   schmutzlich   eisig
> hungrig   feindlich   schreckig
> geizlich   schmerzlich   bissig

▶ Rechtschreibstrategie
anwenden: Ableiten
▶ Wörter bilden

▶ Ich – du – wir: S. 6

▶ Arbeitsheft: S. 11, 12, 26
▶ Förderheft: S. 40
▶ Forderkartei: Nr. 79

Richtig schreiben

Forscheraufgabe

Nomen (Substantive) erkennen

Ihr habt gelernt, dass man Nomen (Substantive) großschreibt.
Was aber, wenn ihr Wörter hört, die ihr überhaupt nicht kennt?
Woher wisst ihr dann, ob sie Nomen (Substantive) sind?
Zum Beispiel:

LUNTEN   BARBEN   KÖREN

1 Welche dieser drei Wörter könnten
Nomen (Substantive) sein? Sprecht darüber.

2 Lest die Sätze. Überlegt erneut, welche der Wörter
Nomen (Substantive) sein können.

Die **LUNTEN** sind die Schwänze der Füchse.
In dem See schwimmen die **BARBEN**.
Die Schiedsrichter **KÖREN** die Pferde.

3 Wann fällt es dir leichter,
die Wörter als Nomen (Substantive)zu erkennen?

4 Finde heraus, ob die folgenden Wörter Nomen (Substantive) sind.
Lies zuerst die Wörter, danach die Sätze.

ESPEN   LUGEN   FÄRSEN

Die Blätter der ESPEN zittern in dem Wind.
Die Mäuse LUGEN aus den Löchern heraus.
Die FÄRSEN tollen auf der Wiese herum.

5 Welches Wort ist kein Nomen (Substantiv)?

6 In Sätzen erkennt man Nomen (Substantive) häufig an Wörtern,
die vor ihnen stehen. Welche Wörter sind gemeint?

7 Schreibe alle Sätze von Aufgabe 2 und Aufgabe 4 ab.
Unterstreiche immer das Wort, das vor einem Nomen (Substantiv) steht.

Sprache untersuchen

▸ Wortarten erkennen: Nomen   ▸ Ich – du – wir: S. 7   ▸ Arbeitsheft: S. 13   **19**
  (Substantive)   ▸ Fö/Fo: S. 48 / Nr. 91, 92
▸ Rechtschreibstrategien erforschen   ▸ AH inklusiv: S. 50

Nomen (Substantive) erkennen: am Artikel

Bevor du hier arbeitest, löse die Forscheraufgabe auf Seite 19.

1 In jedem Satz sind zwei Wörter in großen Buchstaben geschrieben. Welches sind die Nomen (Substantive)? Sprecht darüber.

Dort **SPIELEN** wir ein **SPIEL**.
Die **HUPE HUPT** laut.
Da **KLINGELT** die **KLINGEL**.

> **Merksatz**
>
> An den **Artikeln** kann man die **Nomen** (Substantive) erkennen.
> Die Artikel in der Einzahl (Singular) sind:
> *der/ein, die/eine, das/ein.*
> In der Mehrzahl (Plural) gibt es nur einen Artikel: *die.*
> *der Junge – die Jungen*
> *die Straße – die Straßen*
> *das Mädchen – die Mädchen*

2 Schreibe den Text richtig ab.

Der Wandertag
Gestern besuchten WIR eine BURG.
Dort DURFTEN wir die RITTERRÜSTUNGEN ansehen.
Besonders gut gefielen MIR die HELME aus der RITTERZEIT.
Vor dem BURGGRABEN MACHTE ich ein FOTO.
AUF DEM BURGHOF SCHMIEDETE EIN MANN EIN SCHWERT.
DER AUSFLUG WAR SEHR SCHÖN.

3 Unterstreiche die Artikel vor den Nomen (Substantiven).

▸ Wortarten erkennen: Nomen (Substantive)
▸ Rechtschreibstrategien: Abschreiben
▸ Ich – du – wir: S. 7
▸ Arbeitsheft: S. 13
▸ Fö/Fo: S. 48 / Nr. 91, 92
▸ AH inklusiv: S. 50

Nomen (Substantive) erkennen: Wörter für Gefühle

Die meisten **Nomen** (Substantive) sind Wörter
für **Dinge** und **Lebewesen**: *die Klingel, das Mädchen.*
Nomen (Substantive) können aber auch Wörter für **Gefühle**
sein: *der Spaß, die Wut, das Glück.*

1 Ordne die Nomen (Substantive) ein. Schreibe sie mit Artikel auf:

Wörter für Lebewesen: der Freund, … Wörter für Dinge: die Klingel, …
Wörter für Gefühle: die Liebe, …

Liebe	Klingel	Freund	Fichte	Stift	Schmerz
Langeweile	Zimmer	Lehrer	Freude	Laus	Feuer

2 Welche Wörter für Gefühle haben sich in den Nomen (Substantiven)
versteckt? Schreibe sie mit Artikel auf: *die Angst, …*

Angsthase	Trauerkloß	Mutprobe
Freudentanz	Liebeskummer	Glückspilz

3 Finde zu jedem Adjektiv das passende Nomen (Substantiv).
Schreibe so in dein Heft: *glücklich – das Glück, …*

glücklich	spaßig	wütend	ängstlich
mutig	lieb	traurig	einsam

4 Schreibe den Text ab.

Glück gehabt
Luisa hat verschlafen. Nun hat sie Angst,
zu spät zur Schule zu kommen. Ihre Klasse
macht heute einen Ausflug. Hoffentlich bekommt
sie keinen Ärger. Als sie an der Schule ankommt,
steht der Bus zum Glück noch da.

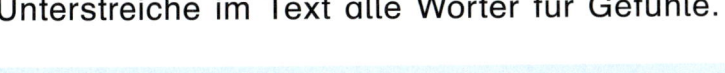

5 Unterstreiche im Text alle Wörter für Gefühle.

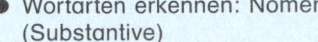

▶ Wortarten erkennen: Nomen (Substantive)
▶ Wörter bilden
▶ Ich – du – wir: S. 7
▶ Arbeitsheft: S. 14
▶ Förderheft: S. 45
▶ Forderkartei: Nr. 90

Texte überarbeiten: Textlupe

Regeln für die Textlupe

- Vier Kinder arbeiten in einer Gruppe.
- Jedes Kind bekommt eine Textlupe.
- Jeder erhält den Text, der überarbeitet werden soll.
- Mit den Farben seiner Textlupe kann jedes Kind Textstellen markieren.
- Zum Schluss bekommt jeder seinen eigenen Text zurück und überarbeitet ihn.

◇ **1** Lest den Text von Lara.

> Feueralarm
> Wir saßen im <u>Raum</u>.
> <u>Plötzlich</u> klingelte die Alarmsirene laut.
> Da schloss die Lehrerin die Fenster.
> <u>Da</u> gingen die Kinder mit der Lehrerin auf den Schulhof.
> <u>Da</u> kontrollierte sie, ob alle <u>Schühler</u> da waren.
> Zum <u>Glük</u> war es nur ein Probealarm.

◇ **2** Laras Gruppenmitglieder haben mithilfe der Textlupen Textstellen markiert. Überlegt gemeinsam, wie ihr den Text verbessern könnt.

◇ **3** Schreibe den verbesserten Text auf.

◇ **4** Schreibt eigene Texte und überarbeitet sie mit den Textlupen.

▶ zu Texten Stellung nehmen
▶ Texte überarbeiten
▶ Texte verfassen
▶ Ich – du – wir S. 10
▶ Lernen lernen: S. 15
▶ Arbeitsheft: S. 15, 16
▶ Forderkartei: Nr. 39-42

Texte verfassen

Übungskiste 1

1 Trenne die Wörter nach ihren Silben.
Schreibe so: *Af-fen, ...*

Affen	strafen	Schatten	Schaden
sammeln	Samen	Klasse	Straße

2 Markiere den kurzen Selbstlaut (•) und
den langen Selbstlaut (–): *Af-fen, stra-fen, ...*

3 Bilde aus den Nomen (Substantiven)
Adjektive mit **-ig** und **-lich**.

Stein	Sonne	Herz	Staub
Berg	Freund	Sport	Feind

die Angst
bergig
feindlich
die Freude
freundlich
die Furcht
das Glück
herzlich
die Liebe
sonnig
sportlich
staubig
steinig
die Wut

4 In der Wörterschlange haben sich fünf Wörter für Gefühle versteckt.
Schreibe die Nomen (Substantive) mit Artikel auf.

WUTSCHLANGENANGSTGLÜCKKINDLIEBEFREUDE

5 Schreibe den Text ab.

Abschreibtext

Glückspilz
Lilli hat Furcht vor der Mathestunde.
Sie hat vergessen, für den Test zu lernen.
Als Frau Müller die Arbeiten austeilt,
schrillt die Alarmglocke.
Alle Kinder bekommen einen Schreck.
Aber Lilli hat keine Angst.
Mit den anderen Kindern geht sie auf den Pausenhof.
Zum Glück war es nur ein Probealarm.
Der Mathetest muss nun bis morgen warten.

6 Unterstreiche im Text alle Wörter für Gefühle.

▶ Rechtschreibstrategien, Arbeitstechniken und Übungsformen anwenden ▶ Lernen lernen S. 14 ▶ Richtig schreiben S. 17-18 ▶ Sprache untersuchen S. 21 ▶ Arbeitsheft: S. 8-14 ▶ Fö/Fo: S. 28, 40, 45 / Nr. 61, 62, 79, 90 ▶ AH inklusiv: S. 7

Übungskiste 2

1 Welche dieser Wörter sind
Nomen (Substantive)?
Schreibe sie mit Artikel auf.

> STREIT   LANGSAM   FREUDE
> STUNDE   DORT   GLÜCK
> FRÜHER   UNTERRICHT
> SIGNAL   SPORTLICH

das Buch
holen, holt
die Freude
das Glück
das Lernspiel
lustig
das Signal
spannend
der Streit
die Stunde
der Unterricht

2 Schreibe die Sätze richtig in dein Heft.

Das **LERNSPIEL** ist **LUSTIG**.
Der **UNTERRICHT** ist heute besonders **SPANNEND**.
Schnell **HOLT** Lina ein **BUCH** aus dem Fach.

3 Lies Laras Text.

> In der Pause traf ich Anna.
> Da quasselte sie etwas vom Urlaub.
> Da kamen zwei Jungen.
> Da spielten wir zusammen mit dem Bal.
> Plötzlich läutete es.

Achte auf die richtige Schreibung!

Achte auf die Satzanfänge!

Diese Stelle gefällt mir besonders gut.

Suche ein passenderes Wort.

4 Überarbeite die im Text markierten Stellen.
Schreibe den verbesserten Text in dein Heft.

5 Gib Laras Text eine Überschrift.

▸ Rechtschreibstrategien,
  Arbeitstechniken und
  Übungsformen anwenden
▸ Sprache untersuchen S. 20, 21
▸ Texte verfassen S. 22
▸ Arbeitsheft: S. 13-16
▸ Fö/Fo: S. 48 / Nr. 39–42
▸ AH inklusiv: S. 50

Was kann ich nun?

Weißt du, was du nun alles kannst? Teste dich selbst!

1 Schreibe die Wörter mit Trennstrichen auf.

> Affe   Name   offen   schlafen   Flamme
> Samen   schaffen   Strafe   sammeln

2 Markiere in der ersten Silbe den kurzen Selbstlaut mit einem Punkt und den langen Selbstlaut mit einem Strich.

3 Ergänze beim Abschreiben **-ig** oder **-lich**.

> schmutz____   schreck____   lust____   fleiß____   ärger____

4 In der Wörterschlange haben sich Nomen (Substantive) und Adjektive versteckt.
Schreibe nur die Adjektive in dein Heft.

RUHIGGLÜCKFRÖHLICHLUSTTRAURIGHERZGEFÄHRLICHZORN

5 Bilde aus den Nomen (Substantiven) in der Wörterschlange Adjektive.

6 Schreibe die Sätze richtig auf.

Das SPORTFEST beginnt PÜNKTLICH.
Schnell LAUFEN die LÄUFER an ihren Startplatz.
Als der KNALL ertönt, FLITZEN alle los.

7 Unterstreiche alle Artikel in den Sätzen von Aufgabe 6.

8 Finde zu jedem Adjektiv das passende Nomen (Substantiv).
Schreibe es mit Artikel auf.

> ängstlich   schmerzhaft   mutig   spaßig   wütend   unglücklich

---

▶ Rechtschreibstrategien und Arbeitstechniken anwenden
▶ Lernprozesse reflektieren

▶ Lösungen S. 158   ▶ Arbeitsheft: S. 17

Leben auf dem Land

○ **1** Schaut euch das Bild an.
Wie lebte man früher auf dem Bauernhof? Sprecht darüber.

○ **2** Setze die Wörter am Rand in den Lückentext ein.

Mein Name ist Frieda.
Jeden Tag melke _____ die Kühe mit der Hand.

wir

Meine Familie und ich leben auf einem kleinen Bauernhof.
_____ schlafen gemeinsam mit den Tieren unter einem Dach.

ich

Meine Mutter steht schon um vier Uhr morgens auf.
_____ holt Wasser aus dem Brunnen.

er

Auch mein Bruder muss mithelfen.
_____ sammelt jeden Morgen Feuerholz.

sie

du

Mein Vater und Opa arbeiten sehr hart auf dem Feld.
Mit dem Pferdewagen fahren _____ erst am Abend nach Hause.

Kannst _____ dir so ein Leben auf dem Land vorstellen?

sie

○ **3** Würdest du gern mit Frieda tauschen? Begründe.

○ **4** Wie leben Bauern heute? Informiert euch darüber im Internet
oder bei einem Bauern.

▶ Gesprächsbeiträge einbringen
▶ sprachliche Gebrauchsform: Begründen
▶ Wortarten kennen: Pronomen
▶ Sprache untersuchen S. 38
▶ Lernen lernen S. 122
▶ Arbeitsheft: S. 24
▶ Forderkartei: Nr. 15, 16
▶ AH inklusiv: S. 51

Haustiere

○ **1** Lest den Text.

Auf dem Bauernhof gibt es viele Haustiere.
Zu den Haustieren gehören Nutztiere und Heimtiere.
Nutztiere sind Tiere, die vom Menschen zu einem bestimmten Zweck
gehalten werden. Huhn, Rind, Schaf und Ziege sind Nutztiere.
Von ihnen bekommen wir Milch, Wolle, Eier oder Fleisch.
Auch Gans, Schwein, Ente und Pferd gehören zu den Nutztieren.

Goldfisch, Hamster, Zwergkaninchen und Wellensittich sind
Heimtiere. Sie können mit uns unter einem Dach leben.
Wir erfreuen uns an ihnen. Ihr Verhalten können wir beobachten.
Manche Heimtiere wie Katzen oder Meerschweinchen sind auch
unsere Spielgefährten.

◇ **2** Schreibe alle **Nutztiere** aus dem Text mit Artikel auf
und bilde die Mehrzahl: *das Huhn – die Hühner, …*

◇ **3** Suche aus dem Text alle **Heimtiere** heraus.
Schreibe sie nach dem Alphabet geordnet auf.

◇ **4** Finde noch mehr **Heimtiere**.

◇ **5** Gehören die abgebildeten Tiere zu den Nutztieren
oder zu den Heimtieren? Begründe.

▸ mit Texten arbeiten
▸ Nomen erschließen: Einzahl, Mehrzahl
▸ sprachliche Gebrauchsform: Begründen

▸ Sprache untersuchen S. 39

▸ Arbeitsheft: S. 25
▸ Förderheft: S. 47
▸ AH inklusiv: S. 50

27

Tierfamilien auf dem Bauernhof

◇ **1** Lest den Text.

Auf dem Hof von Bauer Franz treffen wir viele Tiere.
Früh am Morgen kräht der Hahn. Eine Henne ist schon wach.
Die kleinen Küken klettern aus dem Nest.
Bauer Franz füttert zuerst die Mutterschafe und ihre Lämmer.
Auch ein männliches Schaf steht im Stall. Es ist der Schafbock.
Laut grunzt schon Familie Schwein. Eber, Sau und Ferkel sind
hungrig. Sie fressen fast alles: Kartoffeln, Kürbisse, Würmer, aber
auch Essensreste. Aus diesem Grund nennt man sie Allesfresser.
Nach der Fütterung suhlen sie sich gern im Schlamm.

2 Welche Tierfamilien gibt es auf dem Bauernhof? Schreibe so:

Familie	Muttertier	Vatertier	Jungtier
Huhn	Henne	...	...
Schaf			
...			

3 Auf dem Hof von Bauer Franz gibt es noch weitere Tierfamilien.
Vervollständige die Tabelle von Aufgabe 2.

4 Im Text von Aufgabe 1 findest du viele Wörter mit einem doppelten
Mitlaut. Schreibe jeweils zwei Beispiele in dein Heft:

Wörter mit mm: Lämmer, ...   Wörter mit tt: ...
Wörter mit nn: ...   Wörter mit ss: ...
Wörter mit ll: ...   Wörter mit ff: ...

◇ **5** Unterstreiche den doppelten Mitlaut.
Kennzeichne den kurzen Selbstlaut mit einem Punkt.

▸ mit Texten und Bildern arbeiten   ▸ Richtig schreiben S. 35, 90   ▸ Arbeitsheft: S. 20, 21
▸ Übungsformen anwenden: Ordnen   ▸ Fö/Fo: S. 29 / Nr. 63, 64
▸ sprachliche Strukturen: Mitlaute   ▸ AH inklusiv: S. 42–44

Die Arbeit der Kartoffelbauern

○ **1** Lest den Text.

Kartoffeln sind gesund.
Doch bevor wir sie essen können,
hat der Bauer viel Arbeit. Er pflügt und eggt
den harten Boden. Dann werden die kleinen Pflanzkartoffeln
in die lockere Erde gelegt. Später wird die Erde um die junge
Kartoffelpflanze leicht aufgeschüttet. Oft muss der Bauer auch
schädliche Insekten und Unkraut bekämpfen. Im Frühjahr oder
Sommer blüht die Kartoffelpflanze weiß oder violett. Wenn die grünen
Blätter vertrocknet sind, können die Kartoffelknollen geerntet werden.

⋮ **2** Welche Wörter kennst du noch nicht? Informiere dich.

⋮ **3** Setze passende Adjektive ein. Der Text hilft dir dabei.
Schreibe so: *die lockere Erde, ...*

> die ▭ Erde   die ▭ Pflanzkartoffeln
> die ▭ Blätter   der ▭ Boden
> die ▭ Blüten   die ▭ Insekten

○ **4** Unterstreiche die Adjektive in den Wortgruppen.

⋮ **5** Wie können Kartoffeln sein? Finde viele Adjektive.
Schreibe so: *groß, ...*

⋮ **6** Die drei Bauern streiten sich. Schreibe ähnliche Sätze
mit den Adjektiven aus den Wortkästen.

schmutzig   dick   winzig

Meine Kartoffeln sind <u>groß</u>.

Meine sind <u>größer</u>.

Meine Kartoffeln sind <u>am größten</u>.

▸ verstehend zuhören   ▸ Sprache untersuchen   ▸ Arbeitsheft: S. 26, 27
▸ sich informieren   S. 40, 41   ▸ Fö/Fo: S. 49, 50 / Nr. 93–95   **29**
▸ Adjektiv: Grundform und Vergleichsstufen   ▸ AH inklusiv: S. 54, 55

Getreideernte früher

◇ **1** Schaut euch die Fotos gemeinsam an. Sprecht darüber.

◇ **2** Lest den Bericht von Lottas Uropa über seinen Ernteeinsatz.

1 Auf dem <u>Bild</u> war ich noch jung. Schon als <u>Kind</u> musste ich bei
2 der Arbeit auf dem <u>Feld</u> helfen. Mein Vater mähte das Getreide mit
3 einer Sense. Die Feldarbeit machte hungrig. Deshalb brachte uns
4 meine Mutter einen Korb mit Essen. Die anderen Frauen schnürten
5 die Ähren mit einem <u>Band</u> zu Garben zusammen.
6 Auf der Tenne wurden die Ähren später gedroschen. Mein älterer
7 Bruder war sehr kräftig und schlug mit dem Dreschflegel immer
8 wieder zu. So fielen die reifen Körner aus den Ähren.
9 Mit einer großen Schaufel warf mein Vater das Dreschgut in die Luft.
10 Das war eine sehr staubige Arbeit. Danach füllten wir die Körner
11 in Säcke. Unser <u>Pferd</u> zog den Wagen mit den Getreidesäcken
12 über einen holprigen Weg zur Mühle. Dort wartete der ungeduldige
13 Müller bereits auf das Korn.

○○ **3** Gibt es Wörter im Text, die du noch nicht kennst?
Schreibe sie auf und finde heraus, was sie bedeuten.

○○ **4** Welches Foto gehört zu welchen Zeilen? *Foto 1: Zeile ...*

○○ **5** Bilde die Mehrzahl zu den unterstrichenen Wörtern.
Schreibe so: *das Bild – die Bilder, das Kind – ...*

○○ **6** Finde im Text verwandte Adjektive. Schreibe so: *jünger – jung, ...*

| jünger | hungriger | kräftiger | staubig | ungeduldig | holprig |

▸ aktiv zuhören
▸ mit Texten arbeiten
▸ Rechtschreibstrategie: Ableiten
▸ Richtig schreiben S. 36
▸ Arbeitsheft: S. 22, 23
▸ Fö/Fo: S. 33/ Nr. 69, 70
▸ AH inklusiv: S. 46, 47

Ideenkiste

Körnerbilder

Getreide kann man nicht nur essen.
Aus Körnern können auch tolle Kunstwerke entstehen.

Das brauchst du:

- Papier (weiß oder farbig)
- Kleber
- verschiedene Körner wie Roggen,
  Weizen, Dinkel, Hirse, Reis,
  Sonnenblumenkerne,
  Kürbiskerne …

So geht's:

1. Überlege vorher:
   Was soll auf deinem Bild zu sehen sein?
   Du kannst Muster, Tiere oder
   auch deinen Namen gestalten.

2. Zeichne mit dem Bleistift deine Idee
   dünn auf das Papier.

3. Welche Körner sollen an welche Stelle?
   Lege sie auf, bevor du
   mit dem Kleben beginnst.

4. Verteile den Kleber immer nur
   auf kleinen Abschnitten des Blattes.

5. Lege die ausgewählten Körner
   nun sorgsam und geordnet
   auf die Klebefläche.

▶ mit Texten arbeiten: ▶ Gesund leben S. 101
Bastelanleitung

Wörter üben

Es gibt verschiedene Möglichkeiten, wie du Wörter üben kannst.

Welche Übung passt zu den Wörtern?

---

1 Schreibe die Wörter ab.

2 Markiere die schwierigen Stellen.

Tipp: lesen – merken – abdecken – schreiben – vergleichen

3 Lass dir Wörter von einem anderen Kind diktieren.

4 Bilde mit einigen Wörtern Sätze.

Wie viel Zeit brauche ich?

5 Schreibe die Wörter auf Zettel.

6 Ordne die Wörter nach dem Alphabet.

7 Schreibe die Wörter nach der Anzahl ihrer Silben auf.

8 Ordne die Wörter nach der Anzahl ihrer Buchstaben.

---

9 Schreibe die Nomen (Substantive) in der Einzahl und Mehrzahl auf: *die Kartoffel – die Kartoffeln, …*

10 Schreibe zu einigen Wörtern verwandte Wörter auf: *Pflanze, pflanzen, pflanzlich, …*

11 Ordne die Wörter nach bestimmten Merkmalen: *Wörter mit Zwielauten: … Wörter mit doppeltem Mitlaut: … Wörter mit Umlauten: …*

12 Bilde mit den Verben die gebeugte Form mit **er**: *mähen – er mäht, …*

13 Schreibe einige Wörter in der Geheimschrift: *ernten – /////*

Übe diese Wörter. Suche dir aus jedem Kasten eine Übung aus.

schmutzig	sammeln	fressen	dick	Käfig	ziehen
fertig	ernten	messen	Huhn	Pflanze	mähen
staubig	Kartoffel	Getreide	winzig	entdecken	

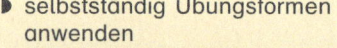

- selbstständig Übungsformen anwenden
- Rechtschreibstrategien anwenden
- Sprache untersuchen S. 39
- Richtig schreiben S. 35
- Arbeitsheft: S. 18, 19
- Fö/Fo: S. 29, 47 / Nr. 63, 64
- AH inklusiv: S. 14, 15

Mit dem Platzdeckchen eine Lösung finden

Manchmal gibt es in der Klasse oder in der Schule Probleme.
Diese könnt ihr lösen, wenn ihr euch einigt.
Mit dem Platzdeckchen kann jeder seine Meinung und seinen
Vorschlag einbringen. Aus allen Ideen entsteht zum Schluss
ein gemeinsamer Plan.

Welche Regeln sind uns in der Klasse wichtig?

> **Tipp**
>
> **Platzdeckchen**
> - Auf dem Tisch liegt ein großes Stück Papier
>   mit einem Bereich für jedes Kind.
> - Jeder schreibt in seine Ecke seine Gedanken
>   zu dem Thema auf.
> - Dann wird das Platzdeckchen gedreht.
> - Jeder hat Zeit, die Lösungsvorschläge der anderen zu lesen.
> - Nun suchen alle nach einer gemeinsamen Lösung.
> - Wenn ihr zu einem Ergebnis gekommen seid,
>   dann schreibt es in die Mitte des Blattes.

1 Betrachtet die Bilder und lest die Tipps.
Beantwortet dann folgende Fragen:

- Was liegt auf dem Tisch?
- Wohin schreibt man seine Vorschläge?
- Was passiert dann?
- Was wird in die Mitte des Blattes geschrieben?

2 Probiert nun das Platzdeckchen aus. Überlegt euch vorher
ein Thema: *Bücher für die Leseecke, Sitzordnung, …*

3 Was hat bei euch gut geklappt? Welchen Tipp
habt ihr für das nächste Mal? Sprecht darüber.

▶ Konflikte lösen   ▶ Ich – du – wir S. 6-9   ▶ Forderkartei: Nr. 25, 26
▶ Vorhaben diskutieren
▶ für sich und andere schreiben

Lernen lernen

In der Galerie Ergebnisse vorstellen

Die Arbeiten zu einem Thema werden an unterschiedlichen Stellen im Klassenraum ausgestellt. Zu leiser Musik geht ihr in kleinen Gruppen von Station zu Station. Anmerkungen, Fragen und neue Ideen werden in einem Abschlusskreis besprochen.

> Beim nächsten Mal könntest du noch …

> Du hast gut beschrieben, wie Getreide geerntet wird.

Tipp

Gang durch die Galerie
- Ihr geht ohne zu sprechen und langsam durch den Klassenraum.
- Die Ausstellungsgegenstände werden nicht berührt.
- Drei bis vier Kinder schauen sich eine Arbeit an. Nach kurzer Zeit ertönt ein Signal, und es geht weiter zur nächsten Station.
- Jeder überlegt, was er in der Abschlussrunde sagen möchte.
- Zum Schluss sprechen alle über die Ausstellung.

1 Seht euch die Bilder an und lest die Tipps. Beantwortet dann folgende Fragen:

- Wie geht man durch den Raum?
- Was muss man sich merken?
- Worauf muss man achten?
- Was passiert zum Schluss?

2 Probiert nun den Gang durch die Galerie aus. Überlegt euch vorher ein spannendes Thema:
Knobelaufgaben, Getreide, Märchen, …

3 Was hat bei euch gut geklappt? Welchen Tipp habt ihr für das nächste Mal? Sprecht darüber.

▶ Gesprächsregeln beachten
▶ Gesprächsbeiträge themen-
  orientiert einbringen
▶ Gesund leben S. 101
▶ Forderkartei: Nr. 13, 14, 25, 26
▶ AH inklusiv: S. 14, 15

Lernen lernen

Wörter mit doppelten Mitlauten (Konsonanten) schreiben

1 Schreibe die Bildwörter auf. Kontrolliere mit dem Wörterverzeichnis.

> **Merksatz**
>
> Auf einen **kurzen Selbstlaut** (Vokal) folgen meist zwei verschiedene Mitlaute (Konsonanten): *falten, Taste, kurz.*
> Wenn du nur **einen Mitlaut** (Konsonanten) hörst,
> wird dieser beim Schreiben **verdoppelt**: *kennen, Brille, dünn.*

2 Schreibe die Verben mit Trennstrichen auf: *ren-nen, ...*

rennen	kennen	klettern	treffen	passen	schwimmen
schütteln	kippen	fassen	tippen	schaffen	sammeln

3 Schreibe mindestens fünf Verben
von Aufgabe 2 in der gebeugten Form
mit **er** oder **es**: *er rennt, es ...*

> **Tipp**
>
> Der doppelte Mitlaut
> bleibt in der gebeugten
> Form erhalten: *er rennt.*

4 Schreibe Wortgruppen mit den Adjektiven: *der kaputte Traktor, ...*

kaputt schnell nass offen sonnig dumm wellig glatt

5 Markiere bei den Adjektiven den doppelten Mitlaut mit einem Strich
und den kurzen Selbstlaut mit einem Punkt: *der kaputte Traktor, ...*

6 Hier sind die Silben durcheinandergeraten.
Schreibe die Wörter richtig auf.

KREUZNESPIN EISFELWAF FUTSTELTERLE MITESTAGSEN

7 Suche verwandte Wörter zu SONNE und STELLEN.

▶ Rechtschreibhilfen nutzen: Wörterverzeichnis
▶ Arbeitstechnik anwenden: Schreiben
▶ Leben auf dem Land S. 28
▶ Große und kleine Tiere S. 117
▶ Arbeitsheft: S. 20, 21
▶ Fö/Fo: S. 29 / Nr. 63, 64
▶ AH inklusiv: S. 42–44

Wörter mit b, d, g verlängern

◇ **1** Hier ist etwas durcheinandergeraten.
Lies die Sätze.

Der <u>Krug</u> kommt zu spät.

Der <u>Stab</u> ist steinig.

Der <u>Strand</u> gehört dem Zauberer.

Der <u>Zug</u> ist zerbrochen.

Das <u>Feld</u> war hungrig.

Das <u>Kalb</u> ist abgeerntet.

◇ **2** Schreibe die Sätze richtig in dein Heft.

◇ **3** Finde zu jedem unterstrichenen Wort die Mehrzahl.
Schreibe so: *der Krug – die Krüge, …*

> **Merksatz**
>
> Am Ende eines Wortes hören sich **b, d, g** oft wie **p, t, k** an:
> *Dieb, gesund, Zwerg.*
> Wenn du das Wort **verlängerst**, kannst du **b, d, g** deutlich
> hören: *Diebe, gesunde, Zwerge.*

◇ **4** Setze beim Abschreiben die Wörter aus den Wortkästen
in der Mehrzahl ein.

Gemeine _____ haben vom Hof unsere Äpfel gestohlen. `Dieb`

Selbst die _____ haben sie nicht bemerkt. `Wachhund`

Nur die leeren _____ haben die Diebe zurückgelassen. `Korb`

Sogar alle _____ auf der Wiese waren umgekippt. `Gartenzwerg`

Auch die neuen _____ haben sie mitgenommen. `Fahrrad`

In den nächsten _____ wird die Polizei nach ihnen suchen. `Tag`

▶ Rechtschreibstrategie
anwenden: Ableiten

▶ Leben auf dem Land S. 30

▶ Arbeitsheft: S. 22, 23
▶ Fö/Fo: S. 33 / Nr. 69, 70
▶ AH inklusiv: S. 46–47

Richtig schreiben

5 Finde Reimwörter. Schreibe die Reimpaare so in dein Heft:

Sieb, Dieb, l...

, D_____ , l_____   Laub, St_____ , R_____

, H_____ , F_____   Wind, K_____ , bl_____

, Z_____ , kl_____   singt, br_____ , kl_____

6 Setze das Wort richtig in die Lücke ein.
Schreibe die Wortgruppen in dein Heft:

der fleißige Bauer, ...

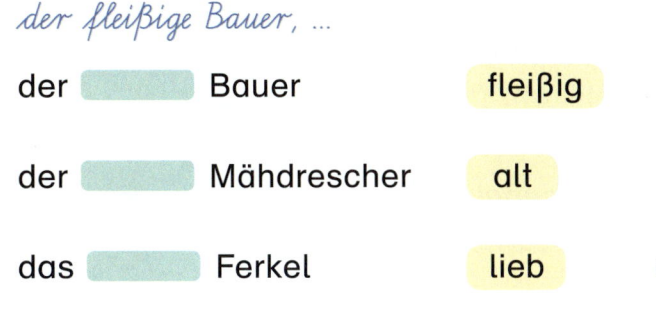

der _____ Bauer   fleißig

der _____ Mähdrescher   alt

das _____ Ferkel   lieb   der _____ Sieg   knapp

das _____ Kätzchen   krank   die _____ Hühner   wild

7 Finde zu jedem unterstrichenen Verb die Grundform:

zeig – zeigen, ...

Zeig mir das Ferkel!   Gib mir die Schlüssel!   Glaub mir!

8 Setze **b** oder **g** ein. Schreibe die Grundform des Verbes dazu:

sie glaubt – glauben, ...

sie glau_t   er lü_t   sie bie_t   er grä_t   es gi_t
sie schrei_t   es blei_t   er flie_t   sie fra_t
er lie_t   sie he_t   er sa_t   sie trä_t   er to_t

9 Schreibe eine Geschichte, in der die Wörter im Kasten vorkommen.

Abend   Dieb   Bank   Raub   klug   Weg   Licht

Richtig schreiben

Personalpronomen verwenden

Sprache untersuchen

1 Vergleiche die Sätze, die untereinanderstehen. Was fällt dir auf?

Bauer Meier steht sehr früh auf.   Das Kalb trinkt Milch.
Er steht sehr früh auf.   Es trinkt Milch.

Katze Minki fängt Mäuse auf dem Hof.
Sie fängt Mäuse auf dem Hof.

> **Merksatz**
>
> **Personalpronomen** (Fürwörter) sind Wörter,
> die du **für Nomen** (Substantive) einsetzen kannst.
> So musst du das Nomen (Substantiv) nicht ständig wiederholen.
> **Personalpronomen** in der Einzahl (Singular): *ich, du, er, sie, es.*
> **Personalpronomen** in der Mehrzahl (Plural): *wir, ihr, sie.*

2 Ersetzt beim Lesen die unterstrichenen Wörter
durch die passenden Personalpronomen.

Die Bäuerin steht früh auf.
Die Bäuerin kümmert sich um die Lämmer.   `sie`

Anschließend bekommen die Hühner ihr Futter.
Die Hühner picken die Körner vom Boden auf.   `sie`

Der Bauer füttert die Schweine.
Dann muss der Bauer aufs Feld.   `er`

Lena und ich kümmern uns um die Kälber.
Danach spielen Lena und ich im Heu.   `wir`

3 Schreibe die Sätze mit den Personalpronomen in dein Heft.

4 Schreibe die Sätze mit den richtigen Personalpronomen ab.   `ich`

       helfe der Mutter bei der Arbeit.   `sie`
Leo, holst   bitte die Schafe von der Weide?   `du`
Mein Freund besucht mich.   spielen in der Scheune.   `wir`
Die Hühner sind aufgeregt.   gackern laut.

5 Schreibe zu jedem Personalpronomen von Aufgabe 4 einen Satz.

38

▸ Wortarten kennen: ▸ Leben auf dem Land S. 26   ▸ Arbeitsheft: S. 24
  Pronomen   ▸ Forderkartei
                                              ▸ AH inklusiv: S. 51

Mehrzahl (Plural) von Nomen (Substantiven) bilden

1 Setze beim Abschreiben die Nomen (Substantive)
in der richtigen Form ein:

| Bein | Haar | Kopf | Pfote | Stachel | Auge | Ohr | Maul |

Fast alle Tiere haben einen ▭ und ein ▭.
Die meisten Tiere haben zwei ▭ und zwei ▭.
Viele Tiere haben vier ▭ und vier ▭.
Einige Tiere haben viele ▭ oder ▭.

2 Schreibe auf, was Tiere noch haben können:

Manche Tiere haben einen Rüssel, zwei ..., vier ..., ganz viele ...

> **Merksatz**
>
> Die meisten **Nomen** (Substantive) haben
> eine **Einzahl** (Singular) und eine **Mehrzahl** (Plural).
> Die Mehrzahl erkennt man
> * an der **Endung**: *das Schwein – die Schweine*
> * oder an **Umlauten**: *die Kuh – die Kühe*
> * oder nur am **Artikel die**: *das Mädchen – die Mädchen.*

3 Bilde die Mehrzahl. Schreibe so: *das Auto – die Autos, ...*

| Auto | Schaf | Maschine | Opa | Tag | Ochse | Maus |
| Freund | Hof | Foto | Rind | Park | Zahn | Lamm |

4 Wie hast du die Mehrzahl gebildet?
Unterstreiche mit der passenden Farbe. Einige Wörter kannst du
auch mit zwei Farben unterstreichen: *das Auto – die Autos, ...*

Mehrzahl mit -e oder -er   Mehrzahl mit -s

Mehrzahl mit ä, ö, ü   Mehrzahl mit -n oder -en

5 Stehen diese Nomen (Substantive) in der Einzahl oder Mehrzahl?
Sprecht darüber.

| Fenster | Ferkel | Kätzchen | Bäcker | Zimmer | Maler |

Sprache untersuchen

Adjektive erkennen und verwenden

◇ **1** Schau dir das Bild an.

unzufrieden   hungrig

ängstlich

zufrieden

2 Wie sehen die Tiere aus? Schreibe so:
Die Ziege schaut zufrieden aus. Sie hat ein geflecktes Fell.
Der Esel ...

> **Merksatz**
>
> **Adjektive** sagen genauer, wie etwas ist oder aussieht:
> *rund, blau, langweilig.*
> Steht das **Adjektiv** vor einem **Nomen** (Substantiv),
> verändert es sich: *Der Esel ist grau. – der graue Esel*

3 Hier ist etwas durcheinandergeraten. Schreibe die Sätze richtig auf.

Die Ente taucht langsam .

Der Hund bellt ruhig .

Der Zaun ist fleißig .

Der Traktor fährt tief .

Der Bauer arbeitet alt .

Das Kätzchen schläft laut .

◇ **4** Unterstreiche in den Sätzen die Adjektive.

5 Finde zu jedem Adjektiv das Gegenteil.

> groß   kurz   hell   dünn   schnell   hoch
> süß   heiß   dumm   unruhig   freundlich

6 Wandle die Sätze in Wortgruppen um.
Schreibe so: *Die Biene ist fleißig. – die fleißige Biene, ...*

> Die Biene ist fleißig.   Das Fell ist glatt.   Die Nuss ist hart.
> Der Esel ist wild.   Der Stall ist leer.   Die Heugabel ist spitz.

▶ Wortarten kennen: Adjektive
▶ Arbeitstechniken anwenden: Abschreiben, Markieren
▶ Leben auf dem Land S. 29
▶ Ich – du – wir S. 9
▶ Arbeitsheft: S. 26
▶ Fö/Fo: S. 49 / Nr. 93, 94
▶ AH inklusiv: S. 54

Sprache untersuchen

Mit Adjektiven vergleichen

1 Schaut euch die Bilder an und lest die Texte in den Sprechblasen.

> Mein Hund heißt Hasso.
> Er ist mittelgroß.
> Hasso hat _____ Fell
> und _____ Ohren.

> Mein Hund heißt Max.
> Er ist sehr groß.
> Max hat _____ Fell
> und _____ Ohren.

> Mein Hund heißt Waldi.
> Er ist sehr klein.
> Waldi hat _____ Fell
> und _____ Ohren.

2 Schreibe die Texte vollständig ab.
Setze dabei die passenden Adjektive ein.

> braun   rund   lang   schwarz   spitz   weiß

Merksatz

Mit Adjektiven kann man Dinge und Lebewesen **vergleichen**.
Die meisten Adjektive kann man steigern. Sie haben
eine **Grundstufe**:   *Das Kalb ist **groß**.*
eine **Mehrstufe**:   *Die Kuh ist **größer**.*
und eine **Meiststufe**:   *Der Bulle ist am **größten**.*

3 Welcher Hund ist am größten? Welcher ist am kleinsten?
Schreibe auf. Diese Wörter helfen dir dabei:

> größer   kleiner   am größten   am kleinsten

Max ist _____ als Hasso.

Hasso ist _____ als Waldi.

Max ist _____.

Waldi ist _____ als Hasso.

Hasso ist _____ als Max.

Waldi ist _____.

▶ Adjektiv: Grundform und   ▶ Leben auf dem Land S. 29   ▶ Arbeitsheft: S. 27
  Vergleichsstufen kennen   ▶ Fö/Fo: S. 50 / Nr. 95
                                                             ▶ AH inklusiv: S. 55

Eine Geschichte spannender schreiben

○ **1** Lest den Text.

Aufregung im Hühnerstall

Das Huhn Luise gackerte vor <u>Schreck</u>.
<u>Aufgeregt</u> flatterte es mit den Flügeln. Im <u>finsteren</u>
Hühnerstall herrschte plötzlich Aufregung. Schnell sprangen
die Hennen zu Luise und ihrem Nest. Sie fragten: „Was machst
du denn für einen fürchterlichen Lärm?" Doch Luise konnte nur
sprachlos auf ihr verlassenes Nest zeigen. Jetzt sahen es auch
die anderen Tiere: Ihr einziges Ei war weg. Auf einmal wurde es
mucksmäuschenstill im Stall. Alle Hennen lauschten dem leisen
Klopfen und Knacken aus der dunkelsten Ecke des Hühnerhauses.
Nur Hahn Henry traute sich an das unheimliche Geräusch heran …

○ **2** Im Text findet ihr Wörter, die diese Geschichte spannend machen.
Einige davon sind unterstrichen. Sammelt weitere Wörter.

○ **3** Wie könnte diese Geschichte weitergehen?
Stelle deine Idee einem anderen Kind vor.

○ **4** Lies den Lückentext.

Schreck in der Scheune

Tim und Nina huschten in die ▢ Scheune.
Dort konnte man zwischen dem ▢ Heu gut
Verstecken spielen. Tim zählte ▢ und Nina
versteckte sich in einer ▢ Ecke. Ganz still
war es in der Scheune. Plötzlich raschelte es ▢
hinter dem Heu. Tim schlich auf das ▢ Rascheln
zu. ▢ sprang ihm etwas entgegen, doch es war
nicht Nina. Tim erschrak ▢ und flitzte ▢ aus
der Scheune. Da hörte er Nina ▢ lachen: „Seit
wann hast du denn Angst vor ▢ Katzen?"

riesige   duftenden

dunklen   leise

verdächtig

geheimnisvolle

blitzschnell

fürchterlich

rasch

laut

winzigen

○ **5** Setze die Adjektive in die Lücken ein, sodass die Geschichte
noch spannender wird. Schreibe die Geschichte in dein Heft.

▶ Texte überarbeiten   ▶ Leben auf dem Land S. 29   ▶ Arbeitsheft: S. 28
▶ Früher und heute S. 88   ▶ Förderheft: S. 18, 19, 21
▶ Große und kleine Tiere S. 120   ▶ Forderkartei: Nr. 43

Texte verfassen

Übungskiste 1

1 Suche die Wörter im Wörterverzeichnis.
Schreibe sie mit der Seitenzahl auf: *Hühner, S. 149*

> Hühner   hebt   kräftiger   fleißig   rennt   frisst

2 Finde jeweils
zwei verwandte Wörter:
schwimmen – Schwimmer – ...

> schwimmen
> sonnen
> fallen

3 Bilde mit jedem Adjektiv eine Wortgruppe:
die fleißige Biene, ...

> fleißig   krank   schwierig   schlank

der Abend
fleißig
fressen
der Geburtstag
heben
das Huhn
hungrig
das Kleid
kräftig
das Lied
das Pferd
rennen
wild

4 In diesem Text sind Fehler markiert. Schreibe die Wörter richtig
in dein Heft. Wenn du unsicher bist, schau im Wörterverzeichnis nach.

Heute feiern wir Paulas <u>Geburtstak</u> auf dem Bauernhof.
Ich ziehe mir deshalb ein altes <u>Kleit</u> an. So kann ich <u>wilt</u>
herumtollen. Zuerst singe ich Paula ein <u>Liet</u>. Danach reite
ich mutig auf dem größten <u>Pfert</u>. Am <u>Abent</u> sind alle Gäste <u>hungrik</u>.

5 Schreibe den Text ab.

Abschreibtext

Roggenernte früher
Nachdem die Sonne den Roggen gereift hatte,
wurde er mit der Sense gemäht.
Die Frauen stellten die gebundenen Garben auf.
So konnte das Korn besser trocknen. Später wurden
die Garben mit dem Erntewagen auf den Hof gefahren.
Dort trennte man das Korn von der Ähre.
Der Bauer schaffte die gefüllten Getreidesäcke zum Müller.

6 Unterstreiche in den Wörtern von Aufgabe 5 den doppelten Mitlaut
und markiere den kurzen Selbstlaut davor mit einem Punkt.

▶ Rechtschreibstrategien, Arbeitstechniken und Übungsformen anwenden ▶ Lernen lernen S. 32 ▶ Richtig schreiben S. 35, 36 ▶ Sprache untersuchen S. 40 ▶ Arbeitsheft: S. 18-23, 26 ▶ Fö/Fo: S. 29, 33, 47/ Nr. 63, 69 ▶ AH inklusiv: S. 46, 47, 50

43

Übungskiste 2

1 Ersetze die unterstrichenen Wörter
durch das richtige Personalpronomen.

Die Feldarbeiter sind müde.   `es`   `wir`

Das Schaf ist hungrig.

Der Bauer lenkt den Wagen.   `sie`   `er`

Paul und ich rennen in die Scheune.

2 Trage die Wörter in eine Tabelle ein.
Schreibe sie in der Einzahl und der Mehrzahl
mit Artikel auf.

Einzahl	Mehrzahl
die Kanne	die Kannen

Kanne	Huhn	Kämme	Foto
Bauern	Mühle		Mädchen

3 Ergänze die Tabelle in deinem Heft:

Grundstufe	Mehrstufe	Meiststufe
dreckig		am ...
	dünner	
		am schwierigsten
gut		
	stärker	

4 Setze beim Abschreiben passende Adjektive in den Text ein,
damit er spannender und interessanter klingt.

In der ▢ Scheune von Bauer Franz fand Lotta eine ▢ Kiste.

Das ▢ Mädchen nahm sie mit nach Hause.

In ihrem ▢ Zimmer öffnete sie die ▢ Kiste.

Darin lagen ▢ Puppen. Als Lotta die ▢ Puppe
aus der Kiste nahm, hörte sie eine ▢ Stimme.

die Kannen
die Hühner
der Kamm
die Fotos
der Bauer
die Mühlen
das Mädchen
die Mädchen
   dreckig,
   dreckiger,
   am dreckigsten
dünn, dünner,
   am dünnsten
schwierig,
   schwieriger,
   am schwierigsten
gut, besser,
   am besten
stark, stärker,
   am stärksten

▶ Rechtschreibstrategien,
  Arbeitstechniken und
  Übungsformen anwenden

▶ Sprache untersuchen
  S. 38-41
▶ Texte verfassen S. 42

▶ Arbeitsheft: S. 24-28
▶ Fö/Fo: S. 18, 47, 50 / Nr. 43, 93, 95
▶ AH inklusiv: S. 51, 55

Was kann ich nun?

Weißt du, was du nun alles kannst? Teste dich selbst!

1 t oder **tt**? Setze richtig ein. Schreibe die Wortgruppen in dein Heft.

die fe■e Bu■er   der ro■e Sa■el   das schlech■e We■er

der kapu■e Hu■   das al■e Be■   der bun■e Schme■erling

2 In jedem Satz hat sich ein Fehler versteckt.
Schreibe die Sätze richtig in dein Heft.

Das Kalp ist heute Nacht geboren.
Hinter dem Bauernhof ist ein großes Weizenfeld.
Wir haben heute einen großen Berk Kartoffeln geerntet.

3 Schreibe die Adjektive richtig auf.

liep/b   kalt/d   wilt/d   stark/g   blint/d   krank/g

4 Schreibe die Adjektive mit Grundstufe, Mehrstufe und Meiststufe auf.

lieb   klein   groß   gut

5 Welches Personalpronomen passt? Schreibe die Sätze richtig auf.

Ich/Du/Er   wohne auf einem Bauernhof.
Du/Ich/Wir   beobachten die Tiere im Stall.
Er/Ihr/Du   helft bei der Ernte.
Sie/Du/Ich   füttern das Pony.

6 Schreibe die Mehrzahl der Nomen (Substantive) mit Artikel auf.

Korb   Kalb   Käfig   Maschine   Auto   Bauer   Foto

7 Schreibe zwei Nomen (Substantive) auf, bei denen die Einzahl und die Mehrzahl gleich geschrieben werden.

▶ Rechtschreibstrategien und Arbeitstechniken anwenden   ▶ Lösungen S. 158, 159   ▶ Arbeitsheft: S. 29
▶ Lernprozesse reflektieren

Vom Wasser und vom Wetter

1 Was könnt ihr auf dem Bild entdecken? Erzählt.

2 Sammelt alle Wörter in einem Gedankenschwarm, die euch zu dem Bild und zum Thema **Wasser und Wetter** einfallen.

3 Überlegt gemeinsam:
Für wen ist ein regnerischer Tag gut und für wen schlecht?

4 Was ist für euch schönes Wetter, was schlechtes Wetter?
Sprecht darüber.

> Mein Vater kann bei starkem Regen nicht arbeiten.

> Ich mag es, wenn es regnet. Dann kann ich gemütlich lesen.

5 Welches Wetter wünschst du dir für das Wochenende?
Was würdest du dann machen? Schreibe es auf.

▶ aktiv zuhören: Stichpunkte formulieren
▶ Schreibanlässe nutzen
▶ Lernen lernen S.16
▶ Förderheft: S. 10, 11
▶ Forderkartei: Nr. 21, 22
▶ AH inklusiv: S. 20, 21

Wetter mal so, mal so

○ **1** Schaut euch die Wettervorhersagen an.

Freitag	Samstag	Sonntag
18–20 °C	16–18 °C	20–22 °C

bewölkt

regnerisch

sonnig

○ **2** Erkläre deinem Partner, wie das Wetter wird.

○ **3** Eric und Alina wollen am Wochenende mit ihren Eltern grillen.
Für welchen Tag wird sich die Familie entscheiden?
Schreibe deine Entscheidung mit Begründung auf.

○ **4** Lest die Wörter im Kasten. Klärt unbekannte Begriffe.

Regen	Wind	Schnee	Sturm	Hagel
Schauer	Windhose	Brise	Graupel	Orkan

○ **5** Ordne die Wörter in die Tabelle ein.

Niederschlag	Luftbewegung

○ **6** Setze die Adjektive aus dem Wortkasten mit den Nomen
(Substantiven) von Aufgabe 4 zusammen.
Schreibe sinnvolle Wortgruppen.
Du kannst die Adjektive auch
mehrfach verwenden.
Schreibe so: *der starke Regen, …*

eisig stark kühl
warm kalt weiß
leicht heftig rau

▶ diskontinuierliche Texte
verstehen: Karten, Symbole ▶ Sprache untersuchen S. 59 ▶ Arbeitsheft: S. 36
▶ Wortarten kennen: Adjektive, Nomen ▶ Lernen lernen S. 16 ▶ Fö/Fo: S. 17, 51 / Nr. 96 **47**
▶ AH inklusiv: S. 54

Auf hoher See

○ **1** Lest die Geschichte.

Auch in diesem Jahr macht sich Kapitän **Ringelbart**
auf die Suche nach dem begehrten Goldschatz im Meer.
Sein Schiff **Victoria** und sein haariger Freund **Hungrige**
Schnauze sind ihm dabei treue Gefährten. Vorbei an
dem Moor der Angst gelangen sie in die tiefe See
der Träume. Seit acht Jahren muss der Kapitän nun schon
mit leeren Taschen heimkehren. Da sieht er in der Ferne
die Drachenberge. Sie sind weiß von Schnee. Nur noch
ein paar Stunden, dann hat er die Berge erreicht.
Plötzlich entdeckt er in den Wellen eine geheimnisvolle Flasche …

○ **2** Überlegt euch eine Überschrift für die Geschichte.

○ **3** Schreibe alle Wörter aus dem Text heraus,
in denen zwei gleiche Selbstlaute hintereinanderstehen: *Meer, …*

○ **4** Unterstreiche den doppelten Selbstlaut in den Wörtern.

○ **5** Lest, was in der Flaschenpost steht.

○ **6** Wo könnte sich der Schatz befinden?

○ **7** Schreibe die Flaschenpost Zeile für Zeile ab.

▶ Schreibprozess planen: Überschrift
▶ Wörter mit rechtschreiblichen
   Besonderheiten: doppelter Selbstlaut

▶ Lernen lernen S. 52
▶ Richtig schreiben S. 55
▶ Texte verfassen S. 60, 61

▶ Arbeitsheft: S. 37
▶ Förderheft: S. 37
▶ AH inklusiv: S. 25, 30

Regen-Wörter

1 Lest die Geschichte vom Regentropfen.

Der Regentropfen

Es war einmal ein winzig
kleiner Regentropfen. In seiner Wolke waren zuerst nur
ein paar andere Regentropfen. Mit der Zeit wurden es immer mehr.
Es wurde enger und enger. Immer wenn der kleine Regentropfen
mit einem anderen zusammenstieß, verschmolzen sie miteinander.
Bald war er zu einem dicken, schweren Tropfen geworden.
Da hielt es ihn nicht mehr in der Wolke und …

2 Überlege dir einen Schluss zu der Geschichte.
Schreibe das Ende der Geschichte auf.

3 Schreibe mit diesen Nomen (Substantiven) und dem Wort REGEN
zusammengesetzte Nomen (Substantive) auf.
Das Wort REGEN kann am Anfang oder am Ende stehen.
Schreibe so: *das Regenwetter, …*

SOMMER GEWITTER PLATZ	REGEN	MANTEL SCHIRM TROPFEN	~~WETTER~~ WALD WURM

4 Schreibe noch weitere Nomen (Substantive) auf,
die man mit dem Wort REGEN zusammensetzen kann.

5 Setze die Wörter und die Bildwörter zusammen.

Nebel + 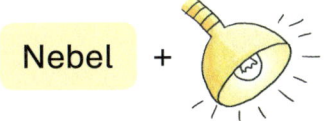   Wasser + 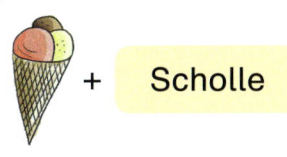   + Scholle

6 Unterstreiche die Stelle im Wort, an der die beiden Nomen
(Substantive) aufeinandertreffen: *Nebelleuchte, …*

▸ Schreibanlass nutzen: eine
Geschichte weiterschreiben
▸ Wörter bilden: Zusammensetzen
▸ Richtig schreiben S. 54
▸ Sprache untersuchen S. 57, 58
▸ Arbeitsheft: S. 34, 35
▸ Förderheft: S. 41, 46
▸ Forderkartei: Nr. 80

So kann Regen sein

1 Betrachtet die Bilder und lest die Texte.

A

Ein kurzer Regen wird als Schauer bezeichnet. Nach einem Schauer klärt sich der Himmel bald auf, und die Sonne scheint rasch wieder.

B

Bei einem Wolkenbruch regnet es sehr heftig. Der Himmel ist voller dunkler Wolken, und am Boden bilden sich große Pfützen.

C

Bei Nieselregen fällt das Wasser in winzigen Tröpfchen. Niesel entsteht oft aus Nebel.

2 Ordnet die Nummer des Bildes dem passenden Buchstaben des Textes zu: 1 – ...

3 Lest die Texte. Überlegt, welche Wörter in die Lücken gehören.

Wenn sich eine Wolke in Bodennähe bildet, ohne dass es regnet, nennt man das ▭.

Manchmal gefrieren Regentropfen in der Luft zu kleinen Eiskugeln. Die fallen als ▭ auf die Erde.

Wenn nach einem Regenschauer die Sonne hervorkommt, trifft das Licht auf viele kleine Regentropfen, die noch in der Luft sind. So kann ein ▭ entstehen.

Morgens kann sich Wasser in der Luft auf den Pflanzen absetzen. Das ist der ▭.

Wenn es sehr kalt ist, kann Tau zu ▭ gefrieren.

Regenbogen

Nebel

Tau

Reif

Hagel

4 Schreibe die Texte vollständig ab.

▸ Texte und Bilder zuordnen
▸ Sachtext ergänzen und abschreiben

Ideenkiste

Wetter-Massagegeschichte

Ganz langsam fallen einzelne Schneeflocken zur Erde.
→ *Die Fingerspitzen tippen sanft auf den Rücken.*

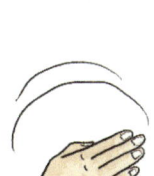

Immer mehr Schneeflocken fallen vom Himmel.
→ *Etwas schneller den Rücken mit den Fingerspitzen berühren.*

Allmählich wird alles weiß und eine dicke Schneedecke
liegt auf der Erde.
→ *Die Hände legen sich leicht drückend*
an verschiedene Stellen des Rückens.

Einige Kinder rollen einen Schneemann.
→ *Mit den flachen Händen über den Rücken streichen.*

Dort sausen Kinder mit ihren Schlitten den Berg hinunter.
→ *Die Zeigefinger parallel und mit Schwung*
den Rücken hinunter bewegen.

Nach ein paar Tagen wird es wieder wärmer.
Der Schnee beginnt zu schmelzen.
→ *Ganz leicht führen die Zeigefinger fließende Bewegungen aus.*

Nun fängt es auch noch an zu regnen.
→ *Die Fingerspitzen tippen leicht auf den Rücken.*

Der Regen wird stärker und stärker.
→ *Die Fingerspitzen trommeln schnell auf den Rücken.*

So taut der Schnee immer mehr.
In großen Bächen fließt das Wasser über die Erde.
→ *Den Rücken mit leichtem Druck der Handflächen*
von oben nach unten ausstreichen.

Tipp

Ihr könnt die Bewegungen
vorher auf dem Tisch ausprobieren.

▸ nonverbale Äußerungen deuten   ▸ Im Jahreskreis S. 134

Gedichte abschreiben

Tipp

Tipps zum Abschreiben

- Lies das Gedicht.

- Merke dir die Überschrift. Schreibe sie auf.
- Unterstreiche die Überschrift.
- Lass eine Zeile frei.

- Lies die erste Zeile (Vers) und schreibe sie ab.
- Schreibe den nächsten Vers in eine neue Zeile.
- Lass nach jeder Strophe eine Zeile frei.
- Schreibe so das ganze Gedicht ab.
- Schreibe den Namen des Autors unter das Gedicht.
- Du kannst dein Blatt gestalten.

Lernen lernen

1 Schreibe das Gedicht ab.
Beachte die Tipps zum Abschreiben!

Regen

Große Tropfen platschen,
schwere Tropfen klatschen
wütend auf das Regendach.

Mantelkragen hochgeschlagen,
Schirm vor dem Gesicht getragen.
Kalter Wind wird wach.

Fegt daher und peitscht die Tropfen,
dass sie umso wilder klopfen
wütend auf das Regendach.

Alfons Schweiggert

2 Gestalte dein Blatt.

Forscheraufgabe

Hier findet ihr die Forscheraufgabe für Seite 54.

Zusammentreffen gleicher Buchstaben beachten
Viele Verben kann man mit Wortbausteinen zusammensetzen:

| auf | brechen | aufbrechen | | weg | fliegen | wegfliegen |
| an | geben | angeben | | ver | wehen | verwehen |

⋮ **1** Wenn man das zusammengesetzte Wort **ausrechnen** schreibt,
wird meist kein Buchstabe vergessen.
Bei dem Wort **aussuchen** passiert oft dieser Fehler: ausuchen
Erklärt, warum das so ist.

⋮ **2** Bei welchen Wörtern im Kasten könnte
dieser Fehler auch passieren? Schreibe sie auf.

verrechnen	ausrechnen	verbiegen	abbiegen
abfallen	auffallen	abrutschen	vorrutschen
anbrennen	abbrennen	zerreißen	abreißen

⋮ **3** Überlegt euch für diese Schwierigkeit eine Regel.
Sie könnte so anfangen:
Wenn bei einem zusammengesetzten Wort zwei gleiche ...

⋮ **4** Überlegt, welche dieser zusammengesetzten Nomen (Substantive)
mit **r** und welche mit **rr** geschrieben werden. Begründet.

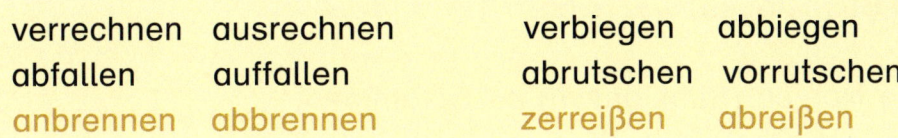

| Gewitteegen | Wintejacke | Lagefeuer |
| Sommeodelbahn | Wettebericht | Wasseutsche |

○ **5** Schreibe die zusammengesetzten Nomen (Substantive) richtig auf.

⋮ **6** Besprecht gemeinsam. Was ist der Unterschied zwischen:
a. **aufliegen** und **auffliegen**?   b. **vereisen** und **verreisen**?

▶ Rechtschreibstrategien erforschen
▶ Vom Wasser und vom Wetter S. 49
▶ Arbeitsheft: S. 31
▶ Förderheft: S. 41
▶ Forderkartei: Nr. 80

Richtig schreiben

Zusammentreffen gleicher Buchstaben beachten

Bevor ihr hier arbeitet, löst die Forscheraufgabe auf Seite 53.

> **Merksatz**
>
> Wenn bei einem zusammengesetzten Wort
> **zwei gleiche Buchstaben** aufeinandertreffen,
> muss man **beide schreiben**, auch wenn man das nicht hört:
> *Telefon + **N**ummer = Telefonnummer,*
> *ent + **t**äuschen = enttäuschen.*

1 Schreibe zusammengesetzte Verben, bei denen zwei gleiche
Buchstaben aufeinandertreffen: *abbrechen, …*

ab	fangen		weg	rechnen		ver	enden
zer	brechen		vor	täuschen		aus	reisen
auf	reißen		ent	gehen		be	suchen

2 Unterstreiche in jedem Verb die beiden aufeinandertreffenden
gleichen Buchstaben: *abbrechen, …*

3 Setze die Nomen (Substantive) so zusammen,
dass zwei gleiche Buchstaben aufeinandertreffen.
Schreibe so: *Wasser + Ratte = Wasserratte, …*

~~Wasser~~	Nebel	Sommer	~~Ratte~~	Gorilla	Tag
Tasche	Regen	Sport	Boden	Berg	Herbst

4 Setzt auch diese Nomen (Substantive) zusammen.

Schiff + Fahrt = _____

Fußball + Liga = _____

Bett + Tuch = _____

5 Welche Besonderheit fällt euch auf?

6 Sammelt weitere Wörter,
in denen drei gleiche Buchstaben aufeinandertreffen.

Richtig schreiben

▶ Rechtschreibstrategie anwenden: Merken
▶ Vom Wasser und vom Wetter S. 49
▶ Arbeitsheft: S. 31, 32
▶ Förderheft: S. 41
▶ Forderkartei: Nr. 80

Wörter mit doppeltem Selbstlaut (Vokal) schreiben

1 Lest die Wörter.
Besprecht, welche Bildwörter gemeint sind.

Moor   See   Meer

Saat   Moos   Saal   Zoo

2 Schreibe die Wörter und Bildwörter geordnet auf:

Wörter mit ee: Meer, ...   *Wörter mit oo: ...*   *Wörter mit aa: ...*

> **Merksatz**
>
> Wörter mit **aa, ee** und **oo** musst du dir **merken**: *Saal, Tee, Zoo.*

3 Löse die Rätsel. Finde Wörter mit **ee** und **oo**.

Das Gegenteil von voll ist ⬚⬚⬚⬚⬚.
Ein großes Gewässer ist ein ⬚⬚⬚⬚⬚.
Ein weiches Polster im Wald nennt man ⬚⬚⬚⬚⬚.

> **Merksatz**
>
> Wenn **zwei** Dinge zusammengehören, sind sie ein **Paar.**
> **Mehrere** oder **einige** Dinge sind ein **paar** Dinge.

4 Setze beim Abschreiben **Paar** oder **paar** richtig ein.

Im Winter ziehe ich ein ⬚⬚⬚ Handschuhe an.
Ich habe schon ein ⬚⬚⬚ Schneeflocken gesehen.
Wenn es kalt ist, trage ich zwei ⬚⬚⬚ Socken übereinander.
Es sind nur noch ein ⬚⬚⬚ Wochen bis Weihnachten.
Endlich bekomme ich ein neues ⬚⬚⬚ Ski.
Mit ein ⬚⬚⬚ Kindern besuche ich einen Ski-Kurs.

▶ Rechtschreibstrategie anwenden: Merken   ▶ Vom Wasser und vom Wetter S. 48   ▶ Arbeitsheft: S. 33   ▶ Förderheft: S. 37

Richtig schreiben

Mit Bildwörtern spielen

1 Seht euch die Bilder an und lest die Reime.

Der <u>Hosenträger</u> ist ein Mann, der viele Hosen tragen kann.

Ein <u>Taschenmesser</u> jemand ist, der ständig seine Tasche misst.

Der <u>Gabelstapler</u> ist ein Mann, der viele Gabeln stapeln kann.

2 Welches Bild gehört zu welchem Reim?

3 Was bedeuten die unterstrichenen Wörter eigentlich?

4 Seht euch die Bilder an. Welche Wörter sind gemeint?

5 Ergänze die Witzsätze mit zusammengesetzten Nomen (Substantiven). Schreibe sie vollständig auf.

Eine Tasche aus Federn ist eine ▢.

Jemand, der sich die Schuhe anzieht, ist ein ▢.

Ein Bogen aus Regen ist ein ▢.

Jemand, der über das Wasser läuft, ist ein ▢.

6 Überlege dir ähnliche Sätze. Schreibe sie auf.

Sprache untersuchen

Nomen (Substantive) zusammensetzen

1 Schreibe zusammengesetzte Nomen (Substantive) mit Artikel auf. Das Nomen (Substantiv) WETTER kann vorn oder hinten stehen:

das Regenwetter, die Wetterjacke, ...

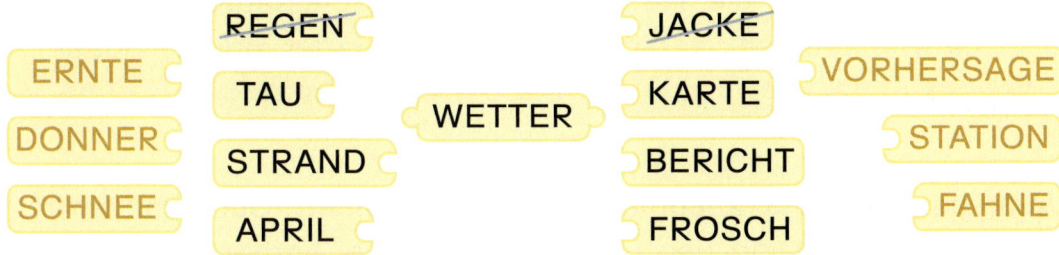

ERNTE

REGEN

TAU

WETTER

DONNER

STRAND

SCHNEE

APRIL

JACKE

KARTE

BERICHT

FROSCH

VORHERSAGE

STATION

FAHNE

> **Merksatz**
>
> Viele **Nomen** (Substantive) kann man zusammensetzen.
> Aus das Gewitter und die Wolke wird die Gewitterwolke.
> Der zweite Teil eines zusammengesetzten Nomens
> (Substantivs) heißt Grundwort. Der erste Teil heißt
> Bestimmungswort. Es bestimmt das Grundwort näher.
> Eine Gewitterwolke ist eine ganz bestimmte Wolke.

2 Unterstreiche bei den Wörtern von Aufgabe 1
das Bestimmungswort und das Grundwort
mit zwei Farben: *das Regenwetter, ...*

3 Lest die Sätze.

Komische Tiere
MARIENKRÖTEN sind rot und haben schwarze Punkte.
REGENMÄUSE kommen bei Regen aus der Erde heraus.
FLEDERKÄFER kann man abends manchmal fliegen sehen.
SCHILDWÜRMER haben einen dicken Panzer.

4 Marienkröten gibt es natürlich nicht. Aber Marienkäfer!
Schreibe die Sätze richtig auf.
Du musst dabei die Wörter sinnvoll zusammensetzen:

Marienkäfer sind rot und ....

▸ Wörter bilden: zusammengesetzte Nomen (Substantive)
▸ Grund- und Bestimmungswort kennen
▸ Vom Wasser und vom Wetter S. 49
▸ Arbeitsheft: S. 34, 35
▸ Förderheft: S. 46

Zusammengesetzte Nomen (Substantive) üben

1 Aus welchen Wörtern sind die Nomen (Substantive) zusammengesetzt? Schreibe so:

der Eiswagen: das Eis + der Wagen, ...

> der Eiswagen   die Wetterkarte   das Schneeglöckchen
> die Sommerzeit   die Gummistiefel   der Hagelschauer
> der Sonnenschein   das Blitzeis   die Sommersonnenwende

2 Unterstreiche in den zusammengesetzten Nomen (Substantiven) das Bestimmungswort und Grundwort mit zwei Farben.

3 Überlegt, ob sich der Artikel des zusammengesetzten Nomens (Substantivs) nach dem Grundwort oder dem Bestimmungswort richtet.

> **Merksatz**
>
> Beim Zusammensetzen von Nomen (Substantiven) richtet sich der **Artikel** immer nach dem Grundwort.
> das Gewitter + die Wolke = die Gewitterwolke
> Manchmal müssen beim Zusammensetzen von Nomen (Substantiven) Buchstaben eingefügt oder weggelassen werden: die Sonne + der Hut = der Sonnenhut
> die Schule + der Tag = der Schultag

4 Bildet zusammengesetzte Nomen (Substantive). Schreibt sie an die Tafel. Besprecht gemeinsam die Besonderheiten: *der Klassenrat, ...*

Klasse Rat	Schule Haus	 Leine
Geburt Tag	Blume Topf	Museum Besuch
Abfahrt Zeit		Liebe

5 Unterstreicht in den zusammengesetzten Nomen (Substantiven) das Grundwort und den Artikel.

▶ Wörter bilden: zusammengesetzte Nomen (Substantive)
▶ Grund- und Bestimmungswort kennen
▶ Vom Wasser und vom Wetter S. 49
▶ Arbeitsheft: S. 34, 35
▶ Förderheft: S. 46

Sprache untersuchen

Artikel – Adjektiv – Nomen (Substantiv) verwenden

○ **1** Schaut euch die Kinder genau an. Worin unterscheiden sie sich?

○ **2** Ergänze die Wortgruppen mit dem passenden Adjektiv:

Lukas: die rote Mütze

~~rot~~ blau breit lang bunt

Lukas: die ⬛ Mütze
Tim: die ⬛ Stiefel   Sophie: das ⬛ Stirnband
Jonas: der ⬛ Schal   Nina: die ⬛ Handschuhe

> **Merksatz**
>
> Manchmal steht ein **Adjektiv**
> zwischen dem **Artikel** und dem **Nomen** (Substantiv):
>
> Artikel   Adjektiv   Nomen (Substantiv)
> *die*   *karierte*   *Jacke*
>
> Der Artikel gehört zum Nomen (Substantiv).
> Das Adjektiv schreibt man klein.

○ **3** Beschreibt, wie die Jacken der Kinder aussehen.
Verwendet die Adjektive: *Lukas trägt eine karierte Jacke. ...*

dick   ~~kariert~~   gelb   kurz   rot   lang

○ **4** Schreibe die Wortgruppen richtig auf.
Achte auf die Groß- und Kleinschreibung!
DAS STÜRMISCHE WETTER   DIE DUNKLEN WOLKEN
DER KÜHLE WIND   DER EISIGE SCHNEE
DIE WARMEN SCHUHE   DER SONNIGE TAG
DAS GLATTE EIS   DAS HEFTIGE GEWITTER

▸ Adjektive verwenden
▸ Strukturen erkennen
▸ Nomen (Substantive) großschreiben
▸ Vom Wasser und vom Wetter S. 47
▸ Arbeitsheft: S. 36
▸ Förderheft: S. 51
▸ Forderkartei: Nr. 96

Sprache untersuchen

Elfchen schreiben

Ein Elfchen kennenlernen

○ **1** Lest das Elfchen.

> Regen
> Straße pitschnass
> So viele Pfützen
> Da spring ich rein
> Platsch

○ **2** Das Gedicht besteht aus 5 Versen (Zeilen).
Überlegt, warum es Elfchen heißt.

Tipp
Zählt die Wörter
des Gedichts.

Ein Elfchen entwerfen

○ **3** Lest in der Anleitung, wie ein Elfchen aufgebaut ist.

Anleitung:	
Zeile 1: ein wichtiges Wort	Unwetter
Zeile 2: zwei Wörter	Grässlicher Regen
Zeile 3: drei Wörter	Klatscht gegen Scheiben
Zeile 4: vier Wörter	Ich bleib lieber drinnen
Zeile 5: ein Schlusswort	Gemütlich

Ein Elfchen schreiben

○ **4** Sammle in einem Gedankenschwarm Wörter zum Thema **Sonne**.

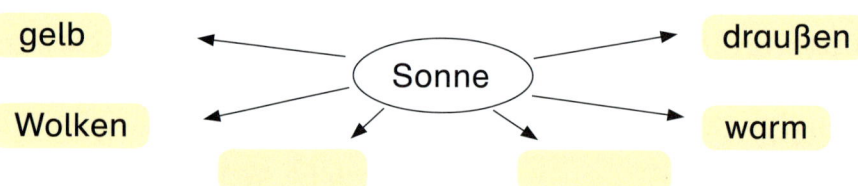

gelb   draußen

Sonne

Wolken   warm

○ **5** Schreibe ein eigenes Elfchen zum Thema **Sonne**.

▶ Texte erschließen
▶ mit Texten arbeiten
▶ Schreibprozesse planen

▶ Vom Wasser und vom
   Wetter S. 48

▶ Arbeitsheft: S. 37
▶ AH inklusiv: S. 30, 31

Texte verfassen

Elfchen überarbeiten

Schreibkonferenz

○ **1** Lest das Elfchen von Tom.

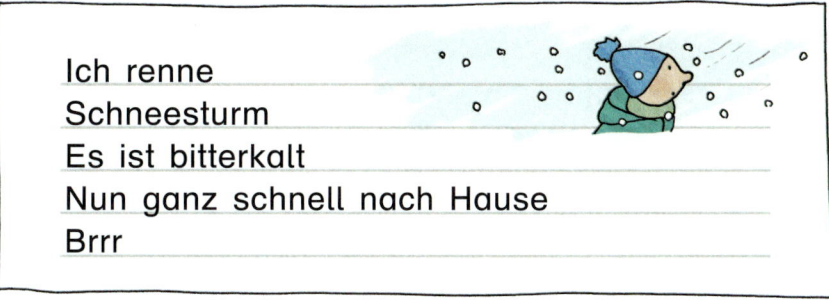

Ich renne
Schneesturm
Es ist bitterkalt
Nun ganz schnell nach Hause
Brrr

Brrr!
Das finde ich gut.

In drei Zeilen
stimmt etwas nicht.

Ich würde
anders anfangen.

⋮ **2** Besprecht in der Tischgruppe,
was euch an Toms Elfchen auffällt. Was ist ihm gut gelungen?

⋮ **3** Überlegt, an welchen Stellen Tom die Anleitung
nicht eingehalten hat.

⋮ **4** Schreibt die Wörter aus Toms Elfchen auf einzelne Zettel.
Ordnet die Zettel so an, dass ein richtiges Elfchen entsteht.
Ihr könnt auch Wörter austauschen.
Ein Wort müsst ihr weglassen.

○ **5** Schreibe das Elfchen in deiner schönsten Schrift auf.

⋮ **6** Schreibt eigene Elfchen zu Themen, die ihr mögt.

⋮ **7** Überarbeitet ein eigenes Elfchen in der Schreibkonferenz.

Tipp
Ihr könnt eure Elfchen schön gestalten und
in einem Buch zusammenstellen.

▶ Schreibprozesse bewusst gestalten
▶ Texte überarbeiten
▶ Vom Wasser und vom Wetter S. 48
▶ Arbeitsheft: S. 37
▶ AH inklusiv: S. 30, 31

Texte verfassen

Ein Rondell kennenlernen und schreiben

○ **1** Lest das Rondell.

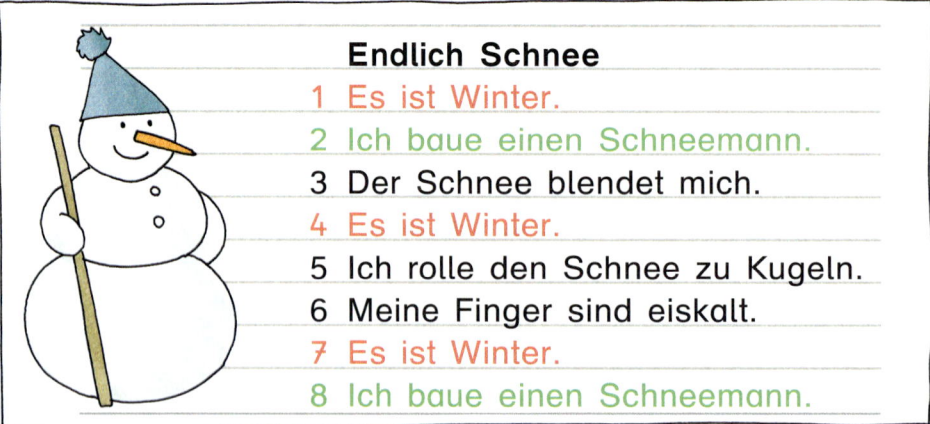

Endlich Schnee
1 Es ist Winter.
2 Ich baue einen Schneemann.
3 Der Schnee blendet mich.
4 Es ist Winter.
5 Ich rolle den Schnee zu Kugeln.
6 Meine Finger sind eiskalt.
7 Es ist Winter.
8 Ich baue einen Schneemann.

○ **2** Überlegt gemeinsam, wie ein Rondell aufgebaut ist.

◇ **3** Vervollständigt die Anleitung zum Schreiben eines Rondells.

Ein Rondell ist ein Gedicht aus _____ Zeilen.
In jeder _____ steht ein Satz.
In der 1., 4. und 7. Zeile steht der gleiche _____.
Auch die 2. und 8. Zeile sind immer _____.
In der _____ steht, worum es geht.

◇ **4** Vervollständige das Rondell. Beachte die Anleitung.

Aprilwetter
1 April macht, was er will.
2 …
3 Dann kann ich …
4 …
5 Manchmal ist es windig.
6 …
7 …
8 Es regnet.

◇ **5** Schreibe ein eigenes Rondell zum Thema **Wasser** oder **Wetter**.

▶ Texte erschließen
▶ mit Texten arbeiten
▶ Schreibprozesse planen

▶ Im Jahreskreis

▶ Arbeitsheft: S. 38
▶ AH inklusiv: S. 35

Übungskiste 1

1 Setze die Puzzleteile so zusammen, dass zwei gleiche Mitlaute nebeneinanderstehen.
Schreibe so: *auffangen, ...*

auf	reisen	bauen	raten	rechnen
ab	fangen	biegen	fallen	brechen
ver	fressen	finden	brennen	fassen

2 Setze **paar** oder **Paar** richtig ein.
Schreibe die Wortgruppen vollständig auf.

das	____	Schuhe	ein	____	T-Shirts
ein	____	Jacken	das	____	Socken
das	____	Handschuhe	ein	____	Mützen

3 Schreibe das Gedicht ab.
Beachte die Tipps auf Seite 52!

Abschreibtext

Seestück

Ein junges Paar
fuhr von der Saar
per Bahn ans Meer.
Der Strand war leer.

Weit trieb das Boot.
Sie gerieten in Not.
Doch auf schwankender See
naht die rettende Fee,

bringt das Boot und das Paar,
mit Haut und mit Haar,
so wie es war,
zurück an die Saar.

Martin Möllerkies

4 Unterstreiche im Gedicht alle Wörter mit doppeltem Selbstlaut.

Wortliste (rechte Spalte):

abbauen
abbiegen
abbrechen
abbrennen
auffallen
auffangen
auffassen
auffinden
auffressen
das Boot
die Fee
das Haar
leer
das Meer
das Paar
die Saar
die See
verraten
verrechnen
verreisen

▸ Rechtschreibstrategien, Arbeitstechniken und Übungsformen anwenden
▸ Lernen lernen S. 52
▸ Richtig schreiben S. 54, 55
▸ Sprache untersuchen 57-59
▸ Arbeitsheft: S. 30-36
▸ Förderheft: S. 37, 41, 51
▸ Forderkartei: Nr. 17, 80

1 Bilde zusammengesetzte Nomen (Substantive).

bunt, bunte
die Gewitterwolke
glatt, glatte
das Glückskind
der Handschuh
nass, nasse
der Regen
der Regenbogen
die Regenjacke
der Regentag
die Sandburg
der Schneeball
die Skihose
die Sonne
der Sonnenhut
die Sonnenstrahlen
stürmisch,
stürmische
warm, warme
das Wetter
die Wettervorhersage
wolkig, wolkige

2 Unterstreiche in den zusammengesetzten Nomen (Substantiven) das Grundwort und das Bestimmungswort mit zwei Farben. Unterstreiche auch den Artikel in der richtigen Farbe.

3 Schreibe die Sätze vollständig auf.

Die Sonnenstrahlen sind die Strahlen der ▭.

Eine Wettervorhersage sagt das ▭ vorher.

Eine Regenjacke ist eine Jacke gegen ▭.

Ein Glückskind ist ein ▭, das ▭ hat.

Ein Sonnenhut ist ein ▭ zum Schutz vor der ▭.

4 Bilde mit jeweils einem Adjektiv und einem Nomen (Substantiv) eine sinnvolle Wortgruppe. Schreibe so: *das nasse Gras, …*

~~nass~~	wolkig	Eis	Regenbogen
glatt	bunt	~~Gras~~	Mütze
warm	stürmisch	Himmel	Wetter

5 Wähle ein Wort aus. Schreibe dazu ein Elfchen.

Glatteis Gewitter Schneeballschlacht Regenschauer Tornado

▸ Rechtschreibstrategien, Arbeitstechniken und Übungsformen anwenden
▸ Sprache untersuchen S. 57, 59
▸ Texte verfassen S. 61
▸ Arbeitsheft: S. 34, 36, 37
▸ Fö/Fo: S. 46, 51 / Nr. 96
▸ AH inklusiv: S. 30, 31

Was kann ich nun?

Weißt du, was du nun alles kannst? Teste dich selbst!

1 Setze **rr** oder **r** richtig ein.
Schreibe die zusammengesetzten Wörter vollständig auf.

Wasse⬛utsche Winte⬛mantel Somme⬛odelbahn
Wette⬛vorhersage Wasse⬛ad Gewitte⬛wolke

2 Setze **aa, ee** und **oo** richtig ein. Schreibe die Wörter vollständig auf.

der Z⬛⬛ die ld⬛⬛ die W⬛ge l⬛r
die Erdb⬛re d⬛f das M⬛s die H⬛re

3 Schreibe die Wortgruppen richtig auf.

DAS GLATTE EIS   DER KÜHLE TAG
DIE WARME SONNE   DAS SCHLECHTE WETTER
DIE STÜRMISCHE NACHT   DER BLAUE HIMMEL

4 Bilde zusammengesetzte Nomen (Substantive).
Schreibe sie mit Artikel auf.

5 Unterstreiche in den zusammengesetzten Nomen (Substantiven)
das Grundwort und das Bestimmungswort mit zwei Farben.
Unterstreiche auch den Artikel in der richtigen Farbe.

▸ Rechtschreibstrategien und   ▸ Lösungen S. 159   ▸ Arbeitsheft: S. 39
   Arbeitstechniken anwenden
▸ Lernprozesse reflektieren

Was kann ich nun?

Bücher und andere Medien

Märchen kunterbunt

◦ **1** Seht euch das Bild genau an.
Welche Märchenfiguren entdeckt ihr?

◦ **2** Lest den Text.

Es war einmal ein schönes Mädchen, das von ihrer bösen
Stiefmutter mit einem <u>Jäger</u> in den dunklen <u>Wald</u> geschickt wurde.
Dort ließ es der Jäger allein. Als das Mädchen über sieben Berge
und <u>Bäche</u> gewandert war, traf es sieben Zwerge. Die Zwerge
brachten es zu einer kleinen Hütte, die unter einem alten <u>Baum</u>
stand. Dort lebte eine alte Geiß mit ihren sieben jungen Geißlein.
Bei ihnen wohnte das Mädchen fortan. Eines Tages wollte sie
der kranken Großmutter Kuchen und Wein bringen. Auf dem Weg
begegnete sie der Goldmarie, die in ihrem Korb viele <u>Äpfel</u> hatte.
Gemeinsam gingen sie zum Königsschloss. Dort sollte ein Fest
gefeiert werden, da die Königin ein Kind geboren hatte.
Zwölf gute Feen waren zu dem Fest geladen. Das Fest wurde
<u>prächtig</u> gefeiert. Als es zu Ende war, beschenkten die Feen
das Kind mit ihren Gaben.

◦ **3** Findet heraus, welche Märchen sich im Text versteckt haben.
Tausche dich mit einem Partner aus.

◦ **4** Schreibe die unterstrichenen Wörter untereinander auf.
Ordne die verwandten Wörter zu: *Jäger – jagen, …*

| jagen | Bach | Pracht | Wälder | Apfel | Bäume |

◦ **5** Wähle ein Märchen aus und erzähle es deinem Partner.

▸ Textsorten kennenlernen: Märchen ▸ Richtig schreiben S. 72 ▸ Arbeitsheft: S. 40
▸ Wortfamilien bilden ▸ Förderheft: S. 35
▸ Forderkartei: Nr. 71

Es war einmal

○ **1** Lest die Sätze.

Rumpelstilzchen hüpfte um das Feuer.
Das jüngste Geißlein kletterte in den Uhrenkasten.
Das Mädchen schüttelte das Bett von Frau Holle.
Die Bremer Stadtmusikanten machten vor dem Räuberhaus Musik.
Schneewittchen saß auf einem Stühlchen und aß mit einem Gäbelchen.
Dornröschen fiel in einen tiefen Schlaf.

2 Schreibe die Verben aus den Sätzen untereinander auf
und ergänze die Grundform: *hüpfte – hüpfen, …*

3 Bilde zu anderen Märchen Sätze in der Vergangenheitsform.
Schreibe sie in dein Heft.

4 Ergänze beim Abschreiben der Lückensätze die Reimwörter.

Rumpelstilzchen um das Feuer sprang
und dazu ein Liedchen s⬚⬚⬚⬚⬚.

Der Jäger saß auf einer Bank,
ein Geißlein versteckte sich im Schr⬚⬚⬚⬚⬚.

○ **5** Unterstreiche in den Reimwörtern **ng** und **nk**.

6 Suche im Text auf Seite 66 Wörter mit **ng** oder **nk**. Schreibe so:
Wörter mit ng: jungen, …   *Wörter mit nk: dunklen, …*

▸ Zeitformen kennenlernen: Präteritum   ▸ Richtig schreiben S. 74   ▸ Arbeitsheft: S. 42, 44
▸ Rechtschreibstrategie anwenden: ▸ Sprache untersuchen S. 77   ▸ Förderheft: S. 52
  Ableiten   ▸ Forderkartei: Nr. 99, 100

Vorder- und Rückseite eines Buches

○ **1** Seht euch die Abbildungen an und lest die Texte durch.

Vorderseite

Rückseite

Auf der Vorderseite findest du den Namen des **Autors**, den **Titel** des Buches, den **Verlag** und eine **Illustration** zum Buch.

Auf der Rückseite erfährst du meist etwas über den Inhalt des Buches. Außerdem findest du hier die **Bestellnummer** und die **Internetadresse** des Verlages.

◌ **2** Beantwortet diese Fragen:
- Was bedeuten die **dick** gedruckten Wörter?
- Wie heißt der **Autor**?
- Was erfahrt ihr über den **Inhalt** des Buches?
- Was geschieht in den Bergen?

> Der Autor und Illustrator der Olchi-Bücher heißt Erhard Dietl. Er wurde 1953 geboren und hat mehr als 150 Kinderbücher geschrieben. Viele Olchi-Bücher gibt es auch als Hörbücher.

◌ **3** Wähle dir ein Buch aus. Stelle es deinen Mitschülern vor. Nutze die Vorder- und Rückseite.

▶ Kinderliteratur kennenlernen
▶ Fachbegriffe anwenden
▶ ein Kinderbuch vorstellen

▶ Arbeitsheft: S. 45, 46

Das Inhaltsverzeichnis

1 Lest den Text und seht euch
das Inhaltsverzeichnis an.

Im Buch „Die Olchis und der Geist
der blauen Berge" zieht es die Olchis
in die Berge. Doch dort ist es ihnen
viel zu ordentlich … und es spukt!
Das Inhaltsverzeichnis findest du
vorn oder hinten im Buch.
Darin werden die Überschriften
der einzelnen **Buchkapitel** aufgeführt.
Meist steht daneben die Seitenzahl,
auf der das Kapitel beginnt.
So kannst du es schnell finden.

2 Überlegt: Was könnte in diesen Kapiteln passieren?
- Der Spaß beginnt
- Eine schaurige Begegnung

3 Zu welchen Kapiteln könnten diese Textausschnitte gehören?
Begründe.

A Gleich neben der Tür stehen vier Paar alte Schuhe exakt in einer Reihe. Kein Stäubchen liegt auf dem frisch geputzten Fußboden.

B Tatsächlich. Auch der weiße Berggeist will sich offenbar vor dem Unwetter in Sicherheit bringen.

4 Suche dir einen der Textausschnitte aus.
Wie könnte es weitergehen? Schreibe die Fortsetzung auf.
Überlege dir auch eine Überschrift.

5 Glaubst du, das Buch könnte dir gefallen?
Begründe deine Meinung.

▶ Vermutungen äußern
▶ Schreibanlässe nutzen
▶ Überschriften formulieren

▶ Arbeitsheft: S. 45, 46

Eine Figur untersuchen

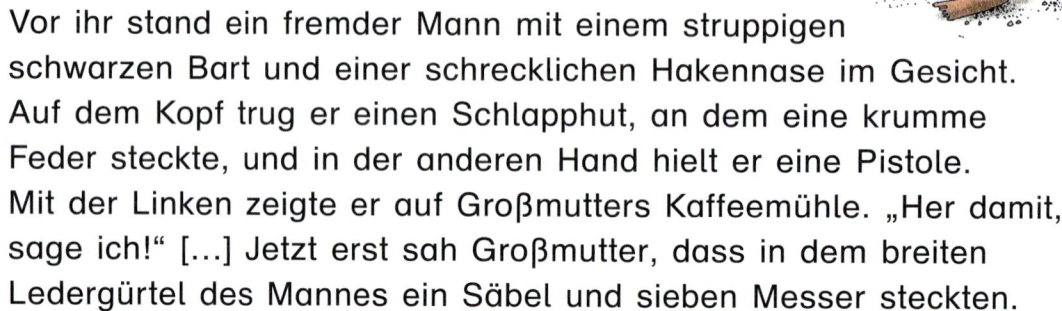

1 Lest den Text.

Der Räuber Hotzenplotz
Großmutter blickte verwundert
auf und rückte an ihrem Zwicker.
Vor ihr stand ein fremder Mann mit einem struppigen
schwarzen Bart und einer schrecklichen Hakennase im Gesicht.
Auf dem Kopf trug er einen Schlapphut, an dem eine krumme
Feder steckte, und in der anderen Hand hielt er eine Pistole.
Mit der Linken zeigte er auf Großmutters Kaffeemühle. „Her damit,
sage ich!" […] Jetzt erst sah Großmutter, dass in dem breiten
Ledergürtel des Mannes ein Säbel und sieben Messer steckten.

Otfried Preußler

2 Was erfahrt ihr über den Räuber Hotzenplotz?
Schreibt Stichwörter ins Heft: *Mann, struppiger schwarzer Bart, …*

3 Besprecht gemeinsam, wie die Geschichte weitergehen könnte.
Diese Fragen können euch helfen:
• Bekam der Räuber die Kaffeemühle?
• Was machte die Großmutter?

4 Finde zu den Wörtern im Kasten passende Reimwörter im Text.
Schreibe in dein Heft: *stickte – blickte, …*

> stickte   bückte   leckte   Sticker

5 Was kann der Räuber Hotzenplotz machen?
Bilde mit diesen Verben Sätze.
Es dürfen auch lustige Sätze entstehen:
Der Räuber schwitzt in Großmutters Küche. …

> schwitzen   kratzen   nutzen   platzen
> sitzen   verschmutzen   stibitzen

70

▶ Informationen zu Figuren und
Handlungen sammeln und weitergeben
▶ Reimwörter finden

▶ Richtig schreiben S. 73

▶ Arbeitsheft: S. 41
▶ Fö/Fo: S. 31 /Nr. 67
▶ AH inklusiv: S. 45

Ideenkiste

Mit einem roten Faden schreiben

Mit einem roten Faden kannst du selbst Märchen schreiben
oder erzählen.

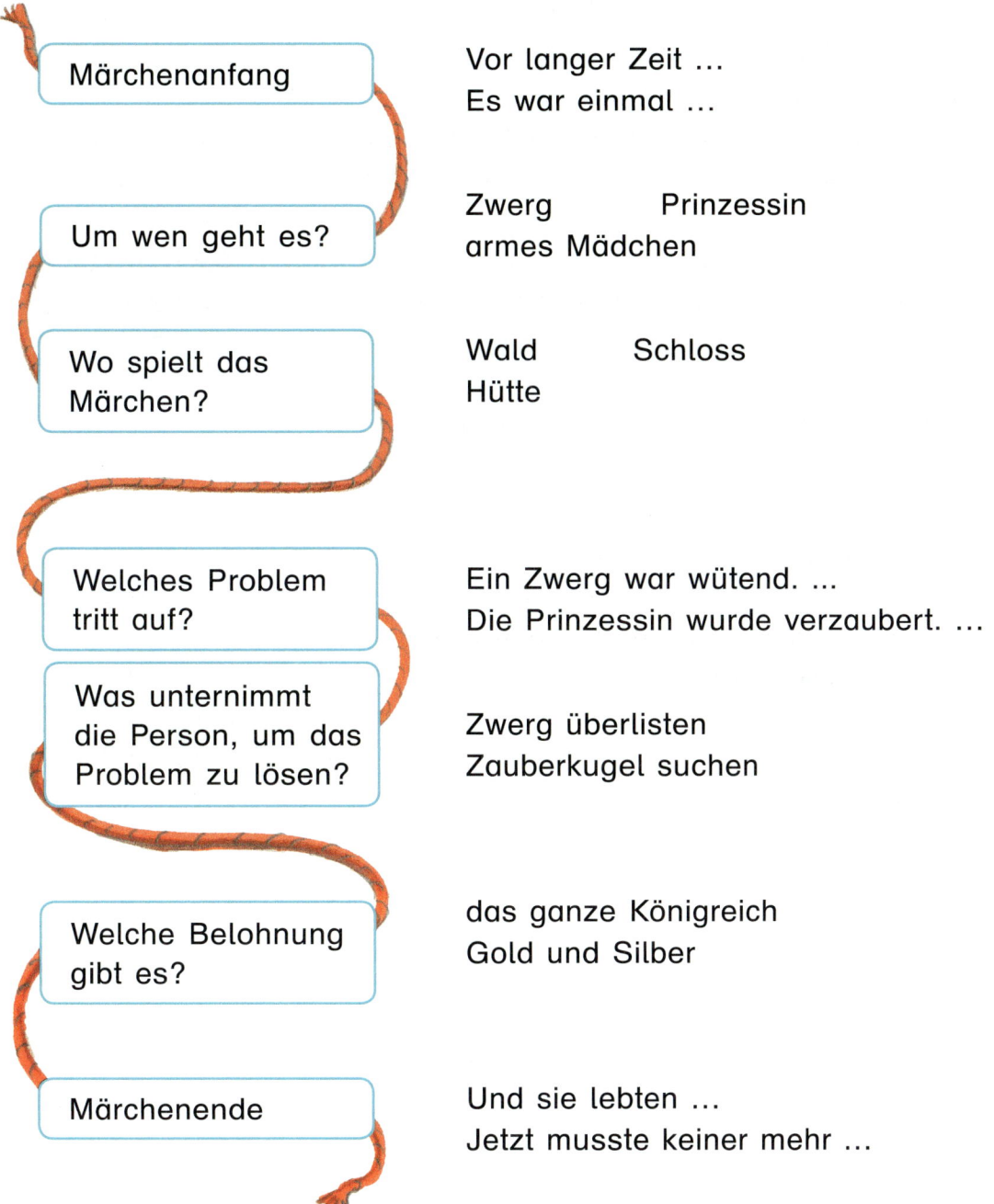

Märchenanfang	Vor langer Zeit … Es war einmal …
Um wen geht es?	Zwerg Prinzessin armes Mädchen
Wo spielt das Märchen?	Wald Schloss Hütte
Welches Problem tritt auf?	Ein Zwerg war wütend. … Die Prinzessin wurde verzaubert. …
Was unternimmt die Person, um das Problem zu lösen?	Zwerg überlisten Zauberkugel suchen
Welche Belohnung gibt es?	das ganze Königreich Gold und Silber
Märchenende	Und sie lebten … Jetzt musste keiner mehr …

Nun kannst du dein Märchen aufschreiben.

Wörter mit ä und äu ableiten

1 Schreibe die Bildwörter in der Einzahl und Mehrzahl auf.
Unterstreiche die veränderten Selbstlaute: *die Bank – die Bänke, ...*

2 Schreibe die Verben ab. Ergänze die Verben in der Grundform:
sie fängt – fangen, ...

> sie fängt   er fällt   er läuft   sie fährt   er schläft   es säuft

---

Merksatz

Wenn du nicht weißt, wie ein Wort geschrieben wird,
überlege, ob du ein **verwandtes** Wort kennst:
*die Wälder – der Wald, er fängt – fangen, härter – hart,
die Bäume – der Baum, sie läuft – laufen, häufig – der Haufen.*

---

3 Lies die Sätze und setze dabei **ä** oder **äu** ein.
Der Esel l▢ft dem Müller davon.
Der Koch schl▢ft in der Küche.
Die goldene Kugel f▢llt in den Brunnen.
Das Reh s▢ft aus dem Bach.

4 Schreibe die Sätze in dein Heft.

5 Finde zu den Wörtern verwandte Wörter mit **a** oder **au**.
Schreibe so: *es schäumt – der Schaum, ...*

> es schäumt   er kämmt   länger   kräftig   der Bäcker
> die Räuber   der Träumer   häufig   der Jäger   das Äuglein

6 Fehlt in den Lücken **Ä/ä** oder **E/e**? Schreibe in dein Heft.
Kontrolliere mit dem Wörterverzeichnis.

> ▢ste   ▢ngel   ▢ngstlich   ▢ng   ▢rmel   ▢hrlich   ▢ltern   ▢hnlich

▸ Rechtschreibstrategie
anwenden: Ableiten
▸ Wortfamilien bilden

▸ Bücher und andere Medien
S. 66

▸ Arbeitsheft: S. 40
▸ Förderheft: S. 35
▸ Forderkartei: Nr. 71

Wörter mit ck und tz schreiben

1 Lies die Reime. Ergänze beim Abschreiben die Reimwörter.

Ich kann Brot backen
und meinen Koffer p___.
Wir tragen bunte Röcke,
ihr sammelt lange St___.

Die Hose ist fleckig,
die Schuhe sind dr___.
Die Jacke ist trocken,
nass sind die S___.

> **Merksatz**
>
> Nach einem kurzen **Selbstlaut** (Vokal) schreibt man **ck**.
> Wörter mit **ck** werden genauso **getrennt** wie Wörter mit **ch**:
> *ba̭-cken* wie *ma̭-chen, Stri̭-cke* wie *Stri̭-che.*

2 Schreibe die Wörter mit **ck** von Aufgabe 1 mit Trennstrichen auf
und markiere den kurzen Selbstlaut mit einem Punkt: *ba̭-cken, …*

3 Finde die Reimpaare: *sitzen – spritzen, …*

sitzen	Sätze	setzen	Schätze	petzen	spritzen
putzen	Hitze	nützen	Blitze	schützen	verschmutzen
Fratze	Mütze	Spatzen	Pfütze	Katzen	Glatze

> **Merksatz**
>
> Nach einem kurzen **Selbstlaut** (Vokal) schreibt man **tz**.
> Wörter mit **tz** werden zwischen dem **t** und dem **z getrennt**:
> *si̭t-zen, Sä̭t-ze.*

4 Schreibe die Nomen (Substantive) von Aufgabe 4
mit Trennstrichen auf: *Sät-ze, …*

5 Schreibe drei Verben mit **ck** und drei Verben mit **tz**
in der gebeugten Form mit **er** auf:

Wörter mit ck	Wörter mit tz
er backt	…

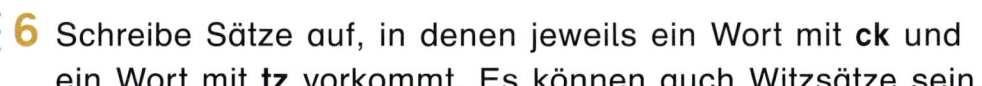

6 Schreibe Sätze auf, in denen jeweils ein Wort mit **ck** und
ein Wort mit **tz** vorkommt. Es können auch Witzsätze sein.

▶ Reimwörter schreiben
▶ Rechtschreibstrategie
anwenden: Merken

▶ Bücher und andere Medien
S. 70

▶ Arbeitsheft: S.41
▶ Fö/Fo: S. 31 /Nr. 67
▶ AH inklusiv: S. 45

73

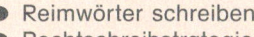

Richtig schreiben

Wörter mit ng und nk schreiben

○ **1** Lest die Wörter deutlich vor.

> der Junge   schenken   klingen   denken   dunkel
> die Schlange   hungrig   die Angst   links   flink
> die Bank   der Gang   der Schnürsenkel   der Blumenstängel

2 Ordne die Wörter von Aufgabe 1 in eine Tabelle ein
und unterstreiche in den Wörtern **ng** und **nk**.

Wörter mit ng	Wörter mit nk
der Junge	schenken

3 Ordne die Nomen (Substantive) in die Tabelle ein.
Ergänze jeweils die Einzahl.

Einzahl	Mehrzahl
der Vorhang	die Vorhänge

> die Vorhänge   die Ringe   die Schränke   die Gelenke
> die Geschenke   die Klänge   die Getränke

Merksatz

> Am **Wortende** kann man oft nicht deutlich hören,
> ob **ng** oder **nk** geschrieben wird. Wenn du aber das Wort
> verlängerst, kannst du den Unterschied deutlich hören:
> *Bank – Bänke, jung – jünger.*

4 Setze **ng** oder **nk** ein.
Überprüfe durch Verlängern des Wortes.

Das erste Kapitel in meinem Buch ist la_____.
Doch beim Lesen bin ich fli_____.

Lenas Bruder ist noch sehr ju_____.
In der letzten Woche war er kra_____.

► Rechtschreibstrategie
anwenden: Verlängern

► Bücher und andere Medien
S. 67

► Arbeitsheft: S. 42

Richtig schreiben

Verben erkennen und verwenden

1 Lest die Sätze und setzt die Verben ein.

Das gibt es nur im Märchen
Der Teppich _____ über das Land.
Die Prinzessin und der ganze Hofstaat
_____ hundert Jahre.
Der Kater _____ mit seinem Herrn.
Der Wolf _____ sechs Geißlein.
Der Esel, der Hund, die Katze und
der Hahn _____ Musik.
Das Männchen _____ Stroh zu Gold.
Die Königin _____ den Spiegel.
Das fleißige Mädchen _____ die Betten und auf der Erde _____ es.

fliegt

schlafen   redet

frisst   machen

spinnt   schneit

schüttelt   befragt

2 Schreibe die Sätze auf.

> **Merksatz**
>
> In jedem Satz gibt es mindestens ein Wort, das sagt,
> was **jemand tut** oder was **passiert**.
> Solche Wörter nennt man **Verben**: *lesen, regnen.*

3 Was kannst du hier tun? Schreibe Verben auf:
auf dem Sportplatz: laufen, ...

auf dem Sportplatz   in der Bücherei

am Computer   in meinem Zimmer

4 Wähle vier Verben von Aufgabe 3 aus und bilde Sätze mit ihnen.
Schreibe sie in dein Heft.

5 Finde die Verben in der Wörterschlange. Schreibe sie in dein Heft.

LINKSSCHÜTZENPACKENLANGSCHWITZENENGBLITZEN

6 Unterstreiche die Endungen in den Verben von Aufgabe 5.

▶ Wortarten kennen: Verben   ▶ Bücher und andere Medien   ▶ Arbeitsheft: S. 43
                                  S. 66   ▶ AH inklusiv: S. 52, 53

Sprache untersuchen

Verben ordnen: Grundform und gebeugte Form

> **Merksatz**
>
> In Wörterbüchern und im Wörterverzeichnis
> stehen Verben zuerst in der **Grundform** (Infinitiv). Dann
> folgen die gebeugten Formen: *lesen, liest, las, hat gelesen.*

1 Suche die Wörter im Wörterverzeichnis. Schreibe das Verb
und die gebeugten Formen auf: *hängen – hängt, …*

hängen	laufen	lesen	fahren	bringen	sein

> **Merksatz**
>
> Es gibt auch Verben, die aus mehreren
> **Wortbausteinen** bestehen: *vorlesen, abschreiben.*
> Im Satz schiebt sich dann oft der erste Wortbaustein
> an das Satzende: *Die Lehrerin <u>liest</u> eine Geschichte <u>vor</u>.*
> *Die Kinder <u>schreiben</u> einen Satz <u>ab</u>.*

2 Überlegt, in welcher Form die Verben
aus dem Kasten eingesetzt werden müssen.

Ich _____ mir oft Bücher in der Bücherei _____.
Heute _____ ich in der Klasse mein Lieblingsbuch _____.
Ich _____ etwas über den Autor und den Inhalt des Buches.
Dann _____ ich einen spannenden Textausschnitt _____.
Zum Schluss _____ ich die Fragen meiner Mitschüler.

ausleihen	vorstellen	erzählen	vorlesen	beantworten

3 Schreibe die Sätze richtig auf:
Ich leihe mir oft Bücher in der Bücherei aus. …

4 Schreibe die Grundformen dieser Verben auf:
du singst vor – vorsingen, …

du singst vor	er sinkt ein	ich bringe	sie trinkt
du schwitzt	er kratzte	ich packte ein	sie schmeckte ab

▶ Verben ordnen: Grundform (Infinitiv) und gebeugte Form ▶ Bücher und andere Medien S. 68 ▶ Arbeitsheft: S. 43

Sprache untersuchen

Zeitformen unterscheiden: Präsens und Präteritum

1 Lest die Texte.

> Früher spielten wir bei jedem Wetter draußen im Wald.
> Ich hatte einen Kassettenrecorder
> und hörte damit Musik.
> Wir telefonierten alle mit einem Telefon.
> Im Fernsehen gab es keinen Kindersender.

> Heute spielen wir bei jedem Wetter Computerspiele.
> Ich habe einen MP3-Player und höre damit Musik.
> Ich telefoniere mit meinem Smartphone.
> Im Fernsehen gibt es mehrere Kindersender.

2 Suche die Verben aus beiden Texten heraus.
Schreibe sie geordnet auf.

Präteritum	Präsens
wir spielten	wir spielen

Merksatz

> Verben werden in **verschiedenen Zeitformen** verwendet.
> Das **Präteritum** verwenden wir meist, wenn wir etwas
> schreiben, das vergangen ist: *Die Kinder <u>gingen</u> in den Wald.*
> Das **Präsens** verwenden wir, wenn wir etwas über
> die Gegenwart aussagen: *Die Kinder <u>gehen</u> in den Wald.*

3 Lest die Sätze. Setzt die Verben im Präteritum ein:

Im Schloss lebten eine Königin und ein König.

Im Schloss ▢ eine Königin und ein König.
Der Teufel ▢ drei goldene Haare.
Die sieben Zwerge ▢ hinter den sieben Bergen.
Zwölf gute Feen ▢ dem Kind alles Gute.
Die dreizehnte Fee ▢ einen Fluch aus.
Das ganze Schloss ▢ hundert Jahre lang.

> leben
> haben
> wohnen
> wünschen
> sprechen
> schlafen

4 Schreibe die Sätze vollständig in dein Heft.

▶ Zeitformen unterscheiden: Präsens und Präteritum   ▶ Bücher und andere Medien S. 67   ▶ Arbeitsheft: S. 44   ▶ Förderheft: S. 52, 53   ▶ Forderkartei: Nr. 99, 100

Sprache untersuchen

Märchen kennenlernen

○ **1** Lest das afrikanische Märchen.

Lieb wie das Salz

Es war einmal ein König, der hatte drei Töchter. Eines Tages sprach er zu
ihnen: „Kinder, wie lieb habt ihr mich?" „Ich liebe dich wie das Gold", sagte
die erste. „Meine Liebe zu dir gleicht einem Diamanten", sprach die zweite.
Die dritte sah ihn an und sprach: „Mein Vater, du bist mir so lieb und
unentbehrlich wie das Salz." „Wie das Salz, das gewöhnliche Salz?", rief
der König enttäuscht. Er geriet so in Zorn, dass er seine jüngste Tochter
verstieß und aus dem Hause jagte.
Da wanderte das Mädchen in die weite Welt, bis sie in die Stadt eines
anderen Königs kam. Dort bat sie um Arbeit. „Was kannst du?", fragte man
sie. „Noch nichts, ich möchte kochen lernen." Der Hofkoch nahm sie mit in
die Küche. So arbeitete und lernte sie und wurde schließlich Köchin.
Eines Tages besuchte ihr Vater jenen König. Das Mädchen, das davon hörte,
kochte das Mittagessen. Sie bereitete aber alles ohne Salz zu.
In die Suppenschale, die für ihren Vater bestimmt war, legte sie ihren Finger-
ring. Als nun die Speisen aufgetragen wurden, aßen alle und schauten
entsetzt. „Pfui! Wer hat heute gekocht?", rief der Gastgeber empört.
Der Gast, der den Ring fand, aber bat bewegt: „Bringt mir das Mädchen!"
Da trat seine jüngste Tochter herein. „Verzeih, Kind!", sprach er zu ihr.
„Du hast es mir bewiesen. Das Liebste und Wertvollste auf der Welt ist das,
was wir nicht entbehren können." Und er schloss sie in seine Arme und
reiste mit ihr nach Hause.

○ **2** Beantwortet gemeinsam folgende Fragen:
  • Mit welchen Worten beginnt das Märchen?
  • Wie endet das Märchen?
  • Wie viele Töchter hat der König?

○ **3** Wer ist für dich der Böse? Wer ist der Gute? Begründe.

○ **4** Beantwortet die Fragen und denkt euch dann selbst Fragen aus.
  • In welchem Märchen wollen die Tiere Stadtmusikanten werden?
  • Wie heißt das Märchen, in dem Zwerge einem Mädchen helfen?

▶ Textsorten kennenlernen:
  Märchen
▶ Fragen stellen, Antworten geben

▶ Bücher und andere Medien
  S. 66

▶ Arbeitsheft: S. 45, 46
▶ Forderkartei: Nr. 47–54
▶ AH inklusiv: S. 36–38

Texte verfassen

Wer oder was in Märchen vorkommt

○ **1** Lest, wer oder was in Märchen alles vorkommt.

Personen und Berufe	König, Königin, Prinzessin, Müller, Bauer, Schäfer, Spinnerin, Jäger, …
Tiere	Wolf, Schlange, Frosch, Kröte, Fuchs, Geißlein, Schaf, …
Märchenwesen	Riese, Zwerg, Hexe, Drache, Teufel, Einhorn, …
Orte	Schloss, Teich, Wald, Feld, Pfefferkuchenhaus, Wiese, …
Gegenstände	Flasche, Früchte, Bett, Spindel, Schatz, Gold, Silber, …
Zahlen	drei, sechs, sieben, zwölf, dreizehn, …
besondere Fähigkeiten	zaubern, sich verwandeln, fliegen, …

2 Was kommt davon im Märchen **Lieb wie das Salz** vor?

3 Bringt Märchenbücher mit. Lest euch gegenseitig Märchen vor.

○ **4** Sammelt aus diesen Märchen weitere Märchenwörter.
Schreibt sie alle auf farbige Kärtchen.
Daraus wird eure Märchenkartei.

Königssohn   Drache   Zwerg

Schloss   bezwingen   Schatz

Zahlen
Gegenstände
Orte
Märchenwesen
Tiere
Personen und Berufe

5 Zieht von den verschiedenen Farben ein Kärtchen
und schreibt mit diesen Wörtern ein Märchen.

► Merkmale für Märchen identifizieren
► Schreibprozesse gestalten
► Bücher und andere Medien S. 66–70
► Arbeitsheft: S. 45, 46
► Fö/ Fo: S. 26, 27 / Nr.47–54
► AH inklusiv: S. 36–38

79

Texte verfassen

Wie Märchen anfangen oder wie sie enden

◦ **1** Lest die Texte auf den Zetteln.

Märchenanfänge

A Es war einmal ein König, der wollte seine Tochter demjenigen zur Frau geben, der ihm das seltenste Tier aus seinem Reich brächte. ...

B Vor langer Zeit gab es ein Land, dort ging niemals der Mond auf, und kein Stern leuchtete in der Finsternis. ...

C Eine arme Frau hatte einen Sohn, der wollte was Rechtes in der Welt werden. Eines Tages kam er auf eine große Wiese, auf der viele Kräuter wuchsen. ...

Märchenschlüsse

1 ... Darauf wurde am Königshof die Hochzeit gefeiert, und sie lebten vergnügt bis an ihr Ende.

2 ... Da schien der Mond wieder am nächtlichen Himmel, und die Sterne leuchteten, sodass niemand sich mehr fürchten musste. Und alle Menschen waren glücklich darüber.

3 ... Und weil der Mann mit seinen Kräutern alle Wunden heilen konnte, wurde er der berühmteste Doktor im ganzen Land.

⋮ **2** Welcher Märchenanfang und welches Märchenende gehören zusammen? Ordnet zu: *A – ...*

⋮ **3** Schreibe zu einem Anfang und einem Schluss ein Märchen. Was kann dazwischen alles geschehen sein? Du kannst auch die Märchenkartei nutzen.

▶ Merkmale von Märchen identifizieren
▶ Schreibprozesse gestalten
▶ Bücher und andere Medien S. 66-70
▶ Arbeitsheft: S. 45, 46
▶ Fö/ Fo: S. 26, 27 / Nr.47–54
▶ AH inklusiv: S. 36–38

Texte verfassen

Übungskiste 1

1 Welche Wörter gehören zu einer Wortfamilie?
Schreibe so: *wachsen – das Gewächs, ...*

> träumen   die **Ärztin**   der **Raum**   **wachsen**
> **aufräumen**   der **Traum**   der **Arzt**   das **Gewächs**

2 Ergänze zu den Nomen (Substantiven)
die verwandten Verben: *der Traum – träumen, ...*

> der **Traum**   die **Wahl**   die **Qual**   der **Kamm**   die **Naht**

3 Schreibe die Verben mit der gebeugten Form auf:
träumen – du träumst, ...

träumen – du [   ]   aufräumen – wir [   ]
lassen – er [   ]   wachsen – es [   ]

4 Ordne die Wörter nach Anzahl der Silben:
eine Silbe: Blitz, ... zwei Silben: Hit-ze, ... drei Silben: ...

> **Blitz** **Hitze** **kratzen** **Witz** **schmutzig** **verletzen**
> **Schmutz** **spitz** **Anspitzer** **Spitze** **beschützen**

5 Schreibe den Text ab.

Abschreibtext

Knüppel aus dem Sack

Ein Schneider schickte seine drei Söhne mit der Ziege
am Strick zur Weide. Doch die Ziege meckerte nur.
Da jagte der Schneider seine Söhne fort. Als der erste
zurückkehrte, trug er ein Tischlein auf dem Rücken.
Wenn er sprach „Tischlein deck dich!",
so war sofort ein festliches Mahl aufgedeckt.
Dies beobachtete ein Wirt und tauschte heimlich den Tisch
aus. Der zweite Sohn brachte einen Goldesel mit, doch auch
diesen vertauschte der Wirt. Der dritte brachte einen Sack mit.

6 Unterstreiche im Text alle Wörter mit **ck**.

---

der Arzt
die Ärztin
aufräumen,
räumt auf
decken, deckt
kämmen
lassen, lässt
meckern,
meckert
nähen, näht
quälen, quält
der Rücken
der Sack
schicken,
schickt
der Strick
der Traum
träumen,
träumt
wachsen,
wächst
wählen, wählt
zurück

Übungskiste 2

1 Schreibe die Wörter mit Trennstrichen auf:

So-cken, ...

> Socken   schmecken   trocken
> Wecker   verpacken   zerdrücken

2 Setze beim Abschreiben **ng** oder **nk** ein.

Die Treppe im Schloss war e___.
Rotkäppchens Großmutter war kra___.
Rapunzels Haar war sehr la___.
Rumpelstilzchen spann fli___ das Stroh zu Gold.

eng
flink
jagen, jagte
krank
lang
schicken, schickte
küssen, küsste
holen, holte
bringen, brachte
schlafen, schliefen

3 Ordne die Verben in die Tabelle ein.

Grundform	Präteritum (Vergangenheit)
singen	er sang

> singen   trinken   liegen
> finden   lesen   drücken
> erschrecken   sitzen

> er las   er trank   er fand
> er sang   er lag   er saß
> er drückte   er erschrak

4 Schreibe die Sätze im Präteritum auf.

Verkehrte Märchenwelt

Der Esel jagt seinen alten Müller vom Hof.
Hänsel und Gretel schicken ihre Eltern in den Wald.
Dornröschen küsst den Prinzen wach.
Die Prinzessin holt die goldene Kugel herauf.
Die Großmutter bringt Rotkäppchen Kuchen und Wein.
Die sieben Zwerge schlafen im Haus von Schneewittchen.

5 Schreibe mit diesen Wörtern ein eigenes Märchen.

> Drache   tapfer   unsichtbar   Schloss   Zauberschwert

▶ Rechtschreibstrategien, Arbeitstechniken und Übungsformen anwenden
▶ Richtig schreiben S. 73, 74
▶ Sprache untersuchen S. 77
▶ Texte verfassen S. 79, 80
▶ Arbeitsheft: S. 41–46
▶ Fö/ Fo: S. 31, 52 / Nr. 67, 47–54
▶ AH inklusiv: S. 36–38, 45

Was kann ich nun?

Weißt du, was du nun alles kannst? Teste dich selbst!

1 In jedem Satz ist ein Fehler versteckt.
Schreibe die Sätze richtig in dein Heft.

Im Herbst leuchten die Welder in bunten Farben.
Die Beume verlieren die Blätter. Der Junge leuft den Weg entlang.
Sein Freund fehrt mit dem Fahrrad.

2 Schreibe nur die Verben mit Trennstrichen auf: *pa-cken, ...*

packen   dick   drücken   erschrecken   dreckig   blicken
aufwecken   backen   abschmecken   eckig

3 Schreibe die Reimwortpaare auf.

blitzen – s_____   versetzen – verl_____   Hitze – Bl_____
Fratzen – kr_____   Witz – sp_____   putzig – schm_____

4 Setze **ng** oder **nk** richtig ein. Schreibe die Sätze in dein Heft.

Der Ri___ steckt am Fi___er.
In dem du___len Ga___ habe ich A___st.
Der fli___e Ju___e spri___t über die Ba___.

5 Ergänze die fehlenden Verbformen.

auspacken – er _____   heraufholen – ich _____
_____ – sie liest vor   _____ – wir räumen auf
aufdecken – ihr _____   _____ – sie schicken weg

6 Schreibe die Sätze im Präteritum auf. Unterstreiche die Verben.

Lina hört Musik. Sie singt laut mit.
Lars findet im Internet Informationen für seinen Vortrag.
Wichtige Stichpunkte schreibt er sich auf.
Leo liest ein Buch. Dabei liegt er auf seinem Bett.

▶ Rechtschreibstrategien und Arbeitstechniken anwenden
▶ Lernprozesse reflektieren
▶ Lösungen S. 159, 160   ▶ Arbeitsheft: S. 47

83

Früher und heute

Buchstaben

Die **Anfangsbuchstaben** deines Namens können verschieden geschrieben oder gestaltet werden. Diese gestalteten Buchstaben heißen **Monogramme**.

1 Denke dir ein eigenes Monogramm aus. Welche Verzierungen passen zu dir?

2 Schaut euch an, wie Uropa Ludwig seinen Namen in der Schule schrieb:

3 Uropa Ludwig lernte die **Sütterlinschrift**. Diese Schrift ist eine alte deutsche Schreibschrift. Vergleicht die Buchstaben in Sütterlin mit unseren Buchstaben.

a b c d e f g h i j k l m n

o p q r s ß t u v w x y z

A B C D E F G H J J K L M N

O P Q R S T U V W X Y Z

4 Schreibe deinen Vornamen und Nachnamen in der Sütterlinschrift.

5 Schreibe deinen Wohnort in der Sütterlinschrift. Du kannst auch andere Schreibgeräte ausprobieren.

▶ über Schrift reflektieren
▶ andere Schriften kennenlernen und anwenden

▶ Texte verfassen S. 94

▶ Arbeitsheft: S. 52
▶ Fö/Fo: S. 24, 25 / Nr. 55, 56
▶ AH inklusiv: S. 12, 13, 34

Schriften

1 Lest die Postkarte von Uropa Ludwig laut vor.

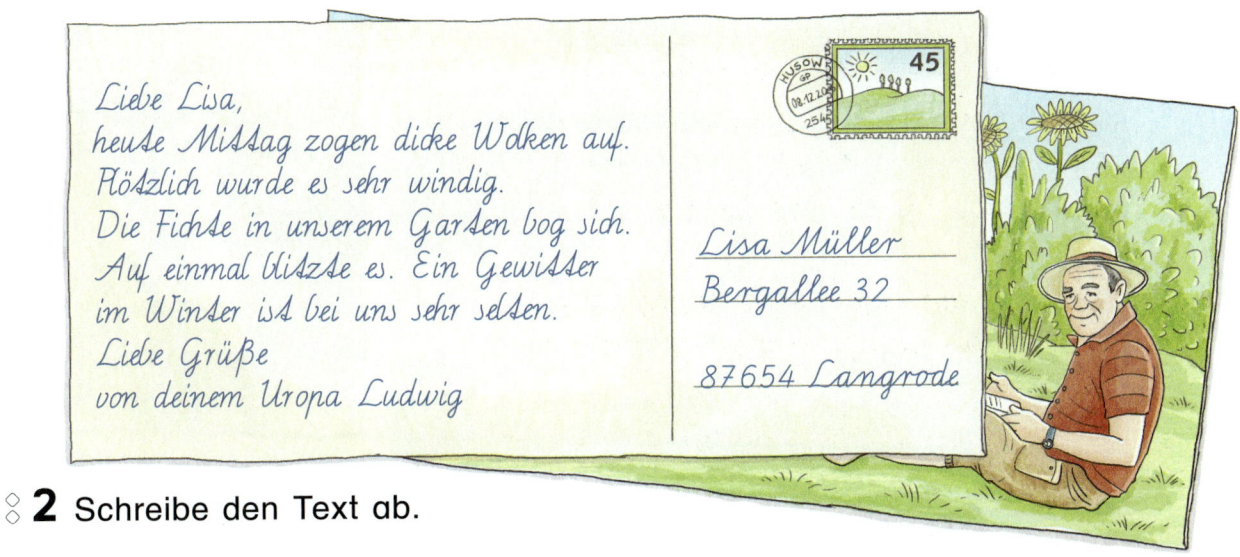

Liebe Lisa,
heute Mittag zogen dicke Wolken auf.
Plötzlich wurde es sehr windig.
Die Fichte in unserem Garten bog sich.
Auf einmal blitzte es. Ein Gewitter
im Winter ist bei uns sehr selten.
Liebe Grüße
von deinem Uropa Ludwig

Lisa Müller
Bergallee 32

87654 Langrode

2 Schreibe den Text ab.

3 Lisa antwortet ihrem Uropa mit einer E-Mail.
Die E-Mail ist leider nicht vollständig.
Lest Lisas Antwort.

An... Uropa_Ludwig@xyz.de
Betreff:

Lieber Uropa Ludwig,
du hast _____ eine Karte geschrieben.
Ich danke _____ dafür.
Gestern sprachen _____ in der Schule
über Gewitter im Winter.
Meine Freundin erzählte von _____ Vater.
Beim Sturm ist _____ der Hut vom Kopf
geflogen.
Viele Grüße deine Lisa

dir   ihm   ihrem   mir   wir

4 Schreibe die E-Mail ab. Setze die passenden Wörter ein.
Du kannst die E-Mail am Computer schreiben.

5 Unterstreiche in deinem Text die Wörter mit **ih**.

▶ Textsorten kennen: Brief, Karte, Mail   ▶ Richtig schreiben S. 90   ▶ Arbeitsheft: S. 48, 52
▶ mithilfe des Computers schreiben   ▶ Texte verfassen S. 94   ▶ Fö/Fo: S. 24, 36 / Nr. 55, 75
▶ Wortarten kennen: Personalpronomen   ▶ AH inklusiv: S. 34

85

Schule früher – heute

◇ **1** Betrachtet die Bilder von früher.

⋮ **2** Vergleicht diese Bilder mit euren eigenen Einschulungsbildern.

⋮ **3** Lisa möchte wissen,
wie es früher in der Schule war.
Dazu telefoniert sie mit ihrem Uropa.
Lest das Telefonat in verteilten Rollen.

Lisa fragt ihren Uropa: „Wann wurdest du eingeschult?"
Der Uropa antwortet: „Meine Einschulung war nach Ostern."
Lisa will wissen: „Welche Dinge waren in deiner Schultasche?"
Uropa berichtet: „In meinem Ranzen befanden sich
eine Schiefertafel, ein Schwamm und ein Griffel."
Uropa erinnert sich auch:
„Alle Schüler der 1. bis 4. Klasse saßen
eng in einem Klassenzimmer zusammen."

⋮ **4** Welche Wörter kennt ihr nicht?
Klärt die Bedeutung gemeinsam.

⋮ **5** Vergleicht Schule früher und heute.
Denkt an die Kleidung, das Arbeitsmaterial,
den Lehrer …

> **Tipp**
> Du kannst bei
> älteren Leuten
> nachfragen.

86
▶ Rollenspiele gestalten   ▶ Sprache untersuchen S. 91   ▶ Arbeitsheft: S. 49, 50
▶ Fragen stellen   ▶ Fö/Fo: S. 56 / Nr. 113, 114
▶ wörtliche Rede kennenlernen   ▶ AH inklusiv: S. 56, 57

Das goldene Handwerk

○ **1** Betrachtet die Bilder.
Was tun die Menschen, die auf den Bildern dargestellt sind?

◇ **2** Welche Berufe gibt es heute noch? Informiert euch und berichtet.

◇ **3** Lest die Wortkarten. Ordnet sie so, dass sinnvolle Sätze entstehen.

Der Seiler	drehte	das Getreide	zu Taschen.
Der Sattler	verarbeitete	feste Stricke	zu Mehl.
Der Müller	mahlte	weiches Leder	aus Hanf.
Der Wagner	baute	den Männern	aus Holz.
Der Barbier	rasierte	Räder	den Bart.

◇ **4** Schreibe mindestens drei Sätze in dein Heft.
Schreibe so: *Der Seiler drehte …*

◇ **5** Bilde Sätze. Stelle mindestens zweimal ein anderes Satzglied
an den Satzanfang. Ein Satz soll auch ein Fragesatz sein.

die Pferde   der Kutscher   vor die Postkutsche

morgens   spannte

▸ Informationen aus Bildern entnehmen   ▸ Sprache untersuchen S. 92   ▸ Arbeitsheft: S. 51
▸ gezielt Informationen sammeln   ▸ Förderheft: S. 54, 55   **87**
▸ Satzglieder kennenlernen

Reisen früher und heute

Ich bin Dieter und fahre diesen ICE. Mein Arbeitsplatz ist sauber. Ich trage eine Uniform mit hellem Hemd und Krawatte. Mein Führerstand ist klimatisiert. Der Zug fährt mit Strom und ich muss die elektronischen Anzeigen genau überwachen. Mein ICE erreicht eine Spitzengeschwindigkeit von 250 Kilometern in der Stunde.

Ich heiße Arthur und bin Dampflokführer. Mein Arbeitsplatz ist schmutzig. Ich trage schwarze Arbeitskleidung mit einer Schirmmütze aus Leder. Im Führerstand ist es heiß und laut. Unsere Lok fährt mit Dampf. Ich muss den Druck vom Kessel genau kontrollieren. Wir fahren meist 100 Stundenkilometer.

1 Lest den Text in den Sprechblasen.

2 Nennt Gemeinsamkeiten und Unterschiede.

3 Wie reiste man früher? Wie reist man heute? Sammelt Beispiele aus unterschiedlichen Zeiten.

Reisen früher	Reisen heute
Dampflokomotive	...

4 Lest die Tagebucheintragung eines Reisenden aus dem Jahr 1837.

> Heute reise ich acht Stunden mit der Eisenbahn von Berlin nach Leipzig. In der Bahnhofshalle kauften alle Reisenden am Schalter ihre Fahrkarte. Am Bahnsteig dampfte schon die große Lok. Ich setzte mich in die gepolsterte 1. Klasse. In meinem Reiseabteil hatten nur sechs Personen Platz. In der einfachen Holzklasse saßen einige Fabrikarbeiter, aber auch Bauern mit Gänsen. In der 2. Klasse fuhren Angestellte ins Büro. Ein Schaffner knipste vor der Abfahrt jede Fahrkarte mit einem Locher. Nach einem lauten Pfiff dampfte unsere Eisenbahn mit 80 Stundenkilometern durch die Landschaft.

5 Überlegt, was sich beim Reisen mit der Bahn geändert hat.

6 Schreibe über deine letzte Reise.

▶ Texten gezielt
Informationen entnehmen
▶ funktionsgerecht schreiben

Ideenkiste

Buchdruck

Früher wurde jedes Buch
mit der Hand geschrieben.
Das dauerte oft viele Monate.
So suchte Johannes
Gutenberg vor etwa 600
Jahren nach einem Weg,
viele Bücher schnell
herzustellen. In seiner
Druckerwerkstatt stellte
er einzelne Buchstaben
aus Metall her.

Diese wurden mit Tinte bestrichen und wie ein Stempel genutzt.
So erfand Gutenberg den Buchdruck.

Drucken ist nicht schwierig.
Du kannst selbst Buchstaben aus Pappe herstellen.
Mit diesen kannst du Wörter oder kleine Texte drucken.

1. Zeichne deine Buchstaben
   je einmal auf eine Pappe und
   schneide sie aus.

2. Mit einer Walze (einem Pinsel)
   überträgst du gleichmäßig Tinte
   oder Druckfarbe **auf die Rückseiten**
   der Pappbuchstaben.

3. Lege die Buchstaben nun
   in lesbarer Richtung
   auf das vorbereitete Papier.
   Rolle zum Drucken mit einer sauberen
   Walze über die Buchstaben.

Du kannst dein Blatt noch verzieren.

Wörter mit i und ih merken

Merksatz

In einigen Wörtern wird das **lange** i nicht mit **ie**, sondern nur mit **i** oder **ih** geschrieben: *dir, ihr, mir, ihnen, gibt.* Diese Wörter musst du dir merken.

1 Schreibe die Wörter ab. Unterstreiche in jedem Wort das i.

Maschine	Musik	Lawine	Kabine	Gardine

2 Schreibe die Bildwörter mit Trennstrichen auf.
Schreibe so: *Pra-li-ne, ...*

3 Suche im Wörterverzeichnis die Tiernamen.
Schreibe so: *Igel: Seite ...,*
B...

4 Setzt beim Lesen der Sätze die Wörter richtig ein.

Franzi füttert mit ▢ Großmutter täglich die Vögel.
Seit gestern kommt ein großer grüner Vogel
an ▢ Futterhaus.
Franzi sucht in ▢ Lexikon nach seinem Namen.
Sie fragt die Großmutter: „Kannst du ▢ bitte helfen?"
Natürlich hat die Großmutter ▢ geholfen.
„Das ist ein Grünspecht", erklärt sie Franzi.
„Gefällt ▢ der Name?"
Franzi strahlt und meint: „Der Name passt zu ▢."

| mir |
| ihr |
| ihrer |
| ihr |
| ihrem |
| ihm |
| dir |

5 Schreibe die Sätze vollständig ab.

6 Denke dir selbst Sätze aus, in denen
die Einsetzwörter von Aufgabe 4 vorkommen.

Richtig schreiben

▶ Rechtschreibstrategie anwenden: Merken
▶ Wortarten kennen: Pronomen
▶ Früher und heute S. 85
▶ Leben auf dem Land S. 26
▶ Arbeitsheft: S. 48
▶ Förderheft: S. 36
▶ Forderkartei: Nr. 75

Zeichen der wörtlichen Rede setzen

○ **1** Lest das Gespräch in verteilten Rollen.

Opa Gerd ruft:	„Tom, hilf mir mal beim Abtrocknen!"
Sein Enkel Tom jammert:	„Muss ich das unbedingt?"
Opa sagt zu Tom:	„Zu zweit schaffen wir das schneller."
Tom entgegnet:	„Ich habe aber gerade keine Zeit."
Opa Gerd fragt:	„Muss ich denn alles allein machen?"

Kannst du mir helfen?

Tipp

Ihr könnt das Gespräch auch spielen.

Merksatz

Meist steht vor dem Redesatz ein **Begleitsatz** mit Doppelpunkt: *Opa Gerd ruft: „..."*
Dann folgt der **Redesatz**.
Er steht immer in **„Anführungszeichen"** (Redezeichen).
Punkt, Frage- und **Ausrufezeichen** gehören zum **Redesatz:**
„Tom, hilf mir mal beim Abtrocknen!"

○ **2** Schreibe das Gespräch ab.
Achte auf die Satzzeichen der wörtlichen Rede!

○ **3** Unterstreiche den Begleitsatz und den Redesatz in verschiedenen Farben.

○ **4** Schreibe diese Sätze mit allen Satzzeichen auf.

Niklas sagt ▯ ▯ Frau Meier steht an der Tür ▯ ▯

Die Mutter ruft ▯ ▯ Lass sie herein ▯ ▯

Frau Meier fragt ▯ ▯ Ist mein Kater bei Ihnen ▯ ▯

Die Mutter antwortet ▯ ▯ Er sitzt dort am Fenster ▯ ▯

▶ Zeichen der wörtlichen Rede setzen   ▶ Früher und heute S. 86   ▶ Arbeitsheft: S. 49, 50
▶ Rollenspiel gestalten   ▶ Fö/Fo: S. 56 / Nr. 113, 114
                                                  ▶ AH inklusiv: S. 56, 57

91

Sprache untersuchen

Umstellproben durchführen

1 Schreibt zu zweit diese Wörter auf kleine Zettel.

2 Baut daraus gemeinsam einen Satz zusammen.

3 Macht eine Umstellprobe:
Verschiebt andere Zettel
an den Anfang des Satzes,
sodass ein neuer Satz entsteht.
Welche Wörter bleiben
dabei immer zusammen?

4 Schreibt auf einen Zettel ein Fragezeichen und legt es
an das Satzende. Stellt euren Satz nun zu einem Fragesatz um.

5 Schreibt die Sätze auf, die ihr gebildet habt.
Achtet auf die Groß- und Kleinschreibung!

Merksatz

Teile eines Satzes, die man an den Satzanfang
umstellen kann, heißen **Satzglieder**.
Satzglieder können aus einem **einzelnen Wort**
oder aus **mehreren Wörtern** bestehen.
Durch **Umstellproben** findet ihr heraus,
aus wie vielen Satzgliedern ein Satz besteht.

6 Aus wie vielen Satzgliedern besteht dieser Satz?

Der Zauberer machte gestern im Zirkus viele Kunststücke.

92 ▸ sprachliche Operationen   ▸ Früher und heute S. 87   ▸ Arbeitsheft: S. 51
        durchfühen: Satzglieder umstellen   ▸ Förderheft: S. 54, 55
     ▸ Satzanfänge großschreiben

Satzglieder umstellen – Texte verbessern

○ **1** Lest den Text.

Der Zauberer

Der Zauberer zaubert aus seinem Hut einen Hasen.

a. Er versteckt ihn wieder <u>unter einer großen Zeitung</u>.

b. Er holt <u>dann</u> aus seinem Zauberkoffer ein langes Seil.

c. Er zerschneidet das Seil <u>mit einer großen Schere</u>.

d. Er hat <u>nun</u> zwei kurze Seile in seinen Händen.

e. Er wirft sie <u>mit einem Schwung</u> in die Luft.

f. Er fängt sie <u>danach</u> wieder auf.

g. Er hat <u>plötzlich</u> einen Zauberstab <u>in der Hand</u>.

h. Er ruft <u>laut</u>: „Hokuspokus!"

i. Er holt <u>jetzt</u> <u>unter der Zeitung</u> eine Taube hervor.

j. Er verbeugt sich <u>am Schluss</u> vor den Zuschauern.

○ **2** Alle Sätze in dieser Geschichte fangen mit **Er** an.
Stelle das unterstrichene Satzglied an den Satzanfang.
So klingt die Geschichte besser:

Unter einer großen Zeitung versteckt er ihn wieder. …

○ **3** Lest euch eure Sätze vor.

○ **4** Überarbeite den folgenden Text.
Stelle dabei die unterstrichenen
Satzglieder immer an den Satzanfang.

Aus einem alten Zauberbuch

Du hast eine Haarfarbe, die dir nicht gefällt.

Du möchtest <u>jeden Tag</u> deine Haarfarbe ändern.

Du stellst dich <u>für diesen Zauber</u> vor einen Spiegel.

Du kneifst <u>für fünf Sekunden</u> deine Augenlider zusammen.

Du sprichst <u>laut und deutlich</u> deinen Zauberspruch.

Du trägst <u>nun</u> für 24 Stunden bunte Haare.

▶ Texte überarbeiten   ▶ Früher und heute S. 87   ▶ Arbeitsheft: S. 51
▶ Satzglieder umstellen

Einen Brief schreiben

Paul war am Wochenende im Technikmuseum in Berlin. Dort hat er alte Reisezüge und Lokomotiven angesehen. Von diesem Besuch will er seiner Oma schreiben.

 Oma Gerda,

ich muss dir unbedingt von unserem Besuch im Technikmuseum erzählen.
...

Texte verfassen

1 Überlege dir eine Anrede:

| Liebe ... | Hallo ... | Hey ... | ... |

2 Schreibe Pauls Brief über den Museumsbesuch weiter.

3 Schreibe am Ende deines Briefes einen Gruß:

| Bis dann dein ... | Alles Liebe | Tschüss dein ... | ... |

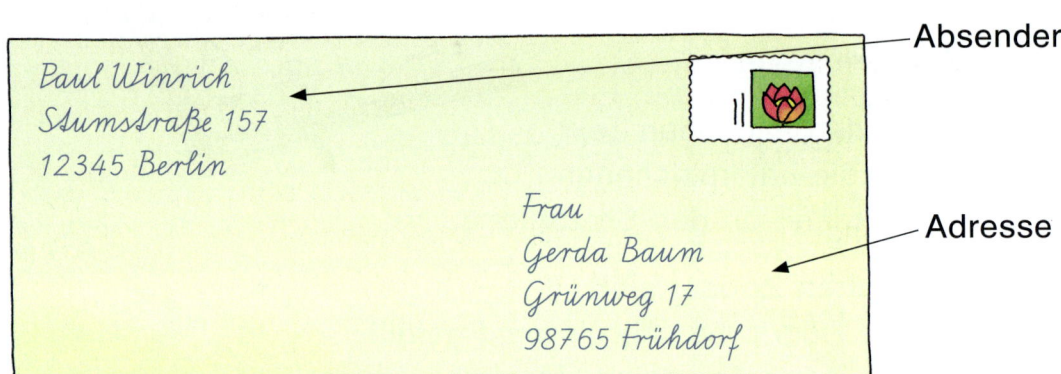

Absender

Paul Winrich
Stumstraße 157
12345 Berlin

Frau
Gerda Baum
Grünweg 17
98765 Frühdorf

Adresse

4 Ein Kind deiner Klasse fehlt seit ein paar Tagen. Schreibe ihm einen Brief. Beschrifte den Umschlag mit seiner Adresse und deinem Absender.

94

▶ Textsorten kennen: Brief
▶ adressatengerecht schreiben
▶ Früher und heute 84, 85
▶ Arbeitsheft: S. 52
▶ Fö/Fo: S. 24, 25 / Nr. 55, 56
▶ AH inklusiv: S. 34

Übungskiste 1

1 Ordne die Wörter nach dem Alphabet: *Apfelsine, ...*

> Biber   Lawine   Delfin   Krokodil   Bibel
> Margarine   Gardine   Apfelsine   Maschine

die Apfelsine
die Bibel
der Biber
der Delfin
die Gardine
ihm
ihnen
ihr, ihre,
ihrer
das Krokodil
die Lawine
die Margarine
die Maschine

2 Schreibe die Sätze mit allen Satzzeichen auf.
Schreibe so:
Sonja berichtet:
„Früher erzählte man sich Geschichten am Kamin." ...

Sonja berichtet☐
☐Früher erzählte man sich Geschichten am Kamin☐ ☐

Mia fragt Lena☐
☐Konnte denn niemand aus einem Buch vorlesen☐ ☐

Lena antwortet☐
☐Nein, sehr wenige Menschen konnten lesen☐ ☐

Lars ruft entrüstet☐
☐Och, ich muss jeden Tag lesen üben☐ ☐

3 Schreibe den Text ab.

Abschreibtext

Im Schulmuseum
In der vergangenen Woche besuchte die Klasse 3a
mit ihrer Lehrerin das Schulmuseum.
Frau Liebler bezahlte für jedes Kind den Eintritt.
Am Eingang wurden ihre Tickets abgestempelt.
Das Klassenzimmer im Museum sah ganz anders
aus als in ihrer Schule.
Frau Liebler las ihnen die Schulregeln von früher vor.
Max durfte seinen Namen auf eine Schiefertafel
schreiben. Das gefiel ihm gut.

4 Unterstreiche in deinem Text die Wörter mit **ih**.

▸ Rechtschreibstrategien,   ▸ Richtig schreiben S. 90   ▸ Arbeitsheft: S. 48-51
   Arbeitstechniken und   ▸ Sprache untersuchen   ▸ Fö/Fo: S. 36, 56 / Nr. 75, 113, 114   **95**
   Übungsformen anwenden   S. 91-93   ▸ AH inklusiv: S. 56, 57

Übungskiste 2

1 Setze beim Abschreiben die Wörter
aus den Wortkästen ein.

Peter telefoniert mit seinem Freund.
Er telefoniert mit _____.

ihr

Jule reist mit Oma im ICE nach Dresden.

ihnen

Sie verreist mit _____.
Max schreibt seinen Eltern eine E-Mail.

ihm

Er schreibt _____ eine E-Mail.

dir
ihm
ihn, ihnen
ihr, ihrer,
ihrem
mir
wir

2 Lies den Text.

Mein Ferienerlebnis
Ich besuchte <u>in den Ferien</u> mit meinem Freund
ein Automobilmuseum.
Ich finde Autos ganz toll.
Ich sah mir <u>die Oldtimer</u> ganz genau an.
Ich entdeckte <u>in einer Ecke</u> ein altes Cabrio.
Ich durfte mich dann in das Fahrzeug setzen.
Ich wurde dabei von meinem Freund fotografiert.

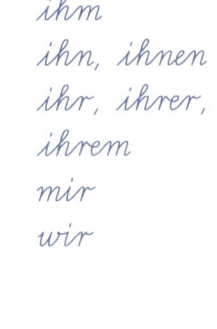

3 Überarbeite den Text. Setze beim Abschreiben
die unterstrichenen Satzglieder an den Satzanfang.

4 Stelle beim Abschreiben ein anderes Satzglied
an den Satzanfang.

Die Familie fährt im Winter mit dem Zug in die Ferien.

Vor einer Postkutsche trabten früher vier Pferde.

Der Heizer schippte während der Fahrt Kohlen ins Feuer.

5 Bilde zu jedem Satz von Aufgabe 4 auch einen Fragesatz.

6 Schreibe einen Brief an deine Freundin oder an deinen Freund.

96 ▶ Rechtschreibstrategien,   ▶ Richtig schreiben S. 90   ▶ Arbeitsheft: S. 48, 51, 52
Arbeitstechniken und   ▶ Sprache untersuchen S. 92, 93   ▶ Fö/Fo: S. 24, 36, 54 / Nr. 75, 55
Übungsformen anwenden   ▶ Texte verfassen S. 94   ▶ AH inklusiv: S. 51, 34

Was kann ich nun?

Weißt du, was du nun alles kannst? Teste dich selbst!

1 Setze beim Abschreiben **i**, **ie** oder **ih** richtig ein.
Wenn du dir unsicher bist, schau im Wörterverzeichnis nach.

Bruno isst gern Mandar___nen.
Lisa nascht l___ber eine Pral___ne.

Frau Berg schaut in ___re Tasche.
S___ sucht ___ren Ring.

Der Schlosser muss die Masch___ne reparieren.
Frank soll ___m dabei helfen.

2 Schreibe die Sätze vollständig ab.
Denke an die Zeichen der wörtlichen Rede.

Frau Sommer sagt___ ___Die Tafel ist ganz schmutzig___ ___
Nelly fragt___ ___Soll ich sie abwischen___ ___
Frau Sommer antwortet___ ___Ja, bitte___ ___
Sabine ruft___ ___Oh, der Schwamm ist weg___ ___

3 Bilde mit allen Satzgliedern mindestens
drei unterschiedliche Sätze. Bilde auch einen Fragesatz.

in den Kletterpark

am Wochenende

mit der Draisine

fuhren

die Kinder

4 Verbessere den Text durch Umstellen in deinem Heft.

Nele spielt jede Woche Fußball.
Nele fährt mit dem Fahrrad zum Training.
Nele trägt auf dem Rasen besondere Schuhe.
Nele ist vom Trainer als Verteidigerin aufgestellt.
Nele hat gestern gut gespielt.

Was kann ich nun?

▶ Rechtschreibstrategien und Arbeitstechniken anwenden
▶ Lernprozesse reflektieren

▶ Lösungen S. 160, 161   ▶ Arbeitsheft: S. 53

Gesund leben

Beim Frühstück

1 Seht euch das Bild an.
Sprecht darüber, was die Familie frühstückt.

2 Wer isst was? Wer trinkt was?
Schreibe so: *Die Mutter isst …*   *Die Mutter trinkt …*
Leonie …

Schokocreme   Saft   Butter

Müsli   Gemüse   Tee   Kaffee   Marmelade   Kakao

Obst   Brötchen   Käse   Wurst   Milch   Toast   Ei

3 Unterstreiche in den Sätzen von Aufgabe 2 die Personen.

4 Was frühstückt ihr? Erzählt.
Am liebsten frühstücke ich …   *Zum Frühstück gibt es ….*
Wenn wir gemeinsam frühstücken, ….   *Am Sonntag …*

5 Überlegt, was ihr für ein Klassenfrühstück mitbringen könnt.

▶ Beobachtungen darstellen   ▶ Lernen lernen S. 33   ▶ Arbeitsheft: S. 56
▶ Satzglieder ermitteln   ▶ Sprache untersuchen S. 107   ▶ Forderkartei: Nr.109, 110

Brot, Brot, Brot

◇ **1** Lest die Sätze und seht euch die Bilder an.

Brot ist ein wichtiges Nahrungsmittel.
In Deutschland gibt es ungefähr dreihundert Brotsorten.

2 Zu welchen Gelegenheiten esst ihr Brot? Sprecht darüber.

◇ **3** Lest den Text.

Ich bin Bäcker
Mitten in der Nacht lasse ich meinen Wecker klingeln,
denn um 2:00 Uhr morgens beginnt meine Arbeit.
Brot wird aus Mehl, Wasser und Salz hergestellt.
Manchmal kommen auch ein paar Nüsse oder
andere Dinge in den Teig. Zuerst messe ich
alle Zutaten ab. Dann gebe ich sie
in einen großen Behälter.
Dort wird alles verknetet.
Nun muss der Teig ruhen.
Danach forme ich die Brote.
Anschließend schiebe ich sie in den Backofen.
Alle Bäcker müssen fleißig arbeiten,
damit wir täglich frisches Brot essen können.

4 Würdest du gern Bäcker werden? Begründe.

◇ **5** Suche alle Wörter mit **ss** im Text. Schreibe sie in dein Heft: *lasse, …*

6 Markiere den kurzen Selbstlaut vor **ss** mit einem Punkt: *lạsse, …*

7 Erkundigt euch in einer Bäckerei, wie viele Brotsorten es dort gibt.

▸ sprachliche Gebrauchsformen
kennen: Begründen
▸ Rechtschreibstrategie: Mitsprechen

▸ Richtig schreiben S. 106

▸ Arbeitsheft: S. 54, 55
▸ Förderheft: S. 30
▸ Forderkartei: Nr. 65, 66

Brot in seiner Vielfalt

Deutschland

Schweden

Großbritannien

Türkei

Frankreich

1 Einige Brotsorten kommen aus anderen Ländern.
Schau dir das Bild an und schreibe so:
Das Roggenbrot kommt aus Deutschland.
Das Fladenbrot kommt ...

2 Unterstreiche in jedem Satz die Brotsorte.

3 Welche Brotsorten aus anderen Ländern kennt ihr noch?

4 Setze beim Lesen die passende Verbform aus den Kästen ein.

Ich _____ am liebsten Vollkornbrot.   esse

_____ du gern frisches Roggenbrot?   isst

Lukas _____ meist Weißbrot.   isst

Wir _____ oft frisches Kartoffelbrot.   essen

Welches Brot _____ ihr morgens?   esst

Meine Geschwister _____ gern Nussbrot mit Quark.   essen

Früher _____ mein Opa oft Rosinenbrot.   aß

Gestern _____ meine Oma
knuspriges Kürbiskernbrot _____ .   hat gegessen

5 Schreibe die Sätze vollständig in dein Heft.

- strukturiert schreiben
- vor anderen sprechen
- Wortarten kennen: Verben

- Richtig schreiben S. 106
- Sprache untersuchen S. 108

- Arbeitsheft: S. 54, 55, 57
- Förderheft: S. 30
- Forderkartei: Nr. 65, 66

Getreidesorten

Mais   Roggen   Hafer   Weizen

1 Lies den Text und schau dir die Zeichnung und
die Fotos genau an.

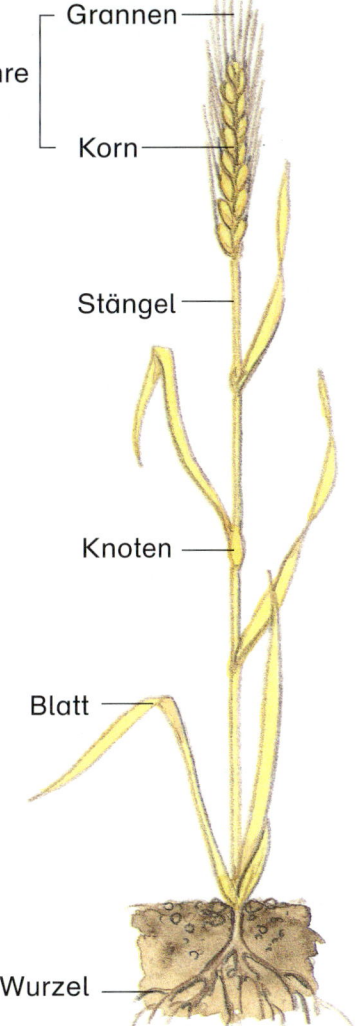

Bei dieser Pflanze sitzen die Körner nicht
eng zusammen in einer Ähre, sondern hängen
wie kleine Glöckchen einzeln nebeneinander.
Man nennt das auch Rispe. Das ist der ▭.

Diese Pflanze ist im Sommer sehr hoch
und hat viele grüne Blätter.
Im Herbst hat sie dicke Kolben
mit vielen goldgelben Körnern.
Das ist der ▭.

Diese Pflanze hat einen geraden Stängel.
An den dicken Körnern der Ähre
sitzen keine Grannen. Das ist der ▭.

2 Schreibe die Texte ab.
Setze dabei die richtigen Getreidenamen ein.

3 Eine Getreidesorte ist nicht
beschrieben worden.
Schreibe dazu einen kurzen Text.

Labels on diagram: Grannen — Ähre — Korn — Stängel — Knoten — Blatt — Wurzel

Von Tüffeln und Rundstücken

1 Seht euch das Bild an und lest den Text in den Sprechblasen.
Könnt ihr euch vorstellen, was die Kinder gern essen möchten?

> Am liebsten esse ich
> eine Tüffel mit Quark.

> Ich möchte
> ein Rundstück mit Käse.

2 Lest den Text.

Lisa berichtet:
„Wir haben den Bauern im Spreewald
bei der Ernte der <u>Knollen</u> zugesehen."
Philipp erzählt: „In Berlin habe ich neulich
eine Bockwurst mit einer <u>Schrippe</u> gegessen."
Lisa erinnert sich: „Wir haben in Leipzig
<u>Ardäppel</u> mit Fleisch und Soße gegessen."
Tina fragt: „Wisst ihr, dass man in Stuttgart
<u>Wecken</u> mit Marmelade isst?"
Eric erzählt: „An der Nordsee gab es zum Frühstück <u>Rundstücke</u>."
„In Rostock haben wir gebratene <u>Tüffeln</u> mit Zwiebeln gegessen",
weiß Laura noch.

3 Ordnet die unterstrichenen Wörter
aus dem Text von Aufgabe 2 in eine Tabelle.

Kartoffeln	Brötchen
Knollen	...

4 Sucht noch weitere Bezeichnungen für Kartoffeln und Brötchen.
Dazu könnt ihr:
Personen befragen, in Sachbüchern nachlesen,
euch im Internet informieren (z. B. www.kidsweb.de).

5 Findet heraus, wie Brot oder Brötchen in anderen Ländern heißen.

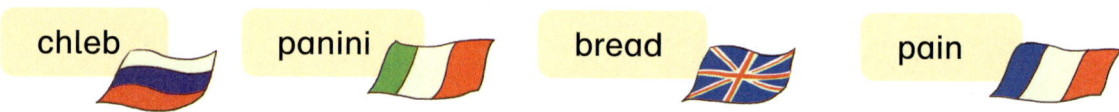

chleb   panini   bread   pain

▸ Unterschiede von Sprache entdecken
▸ Medien nutzen
▸ Lernen lernen S. 104

Ideenkiste

Wir bereiten ein Müsli zu

Für ein gesundes Frühstück in der Schule
könnt ihr euch ein Müsli selbst zubereiten.

**Für 4 Kinder benötigt
ihr folgende Zutaten:**
1 Banane
1 Apfel oder
  anderes Obst
2 Esslöffel (EL) Haferflocken
2 EL Dinkelflocken
3 EL Sonnenblumenkerne
1 Becher Naturjogurt (250 Gramm)

**Stellt euch folgende
Küchengeräte bereit:**
1 Schüssel
1 Esslöffel
1 Obstmesser
1 Frühstücksbrett

Tipp

Vor dem Kochen und
dem Essen Händewaschen
nicht vergessen.

So bereitet ihr das Müsli zu:

- Zuerst stellt ihr alle Zutaten und Küchengeräte bereit.
- Nun gebt ihr 2 EL Haferflocken, 2 EL Dinkelflocken und
  3 EL Sonnenblumenkerne in die Schüssel.
- Danach wascht ihr den Apfel gründlich ab.
- Jetzt teilt ihr den Apfel mit dem Messer in vier Teile
  und entfernt das Kerngehäuse.
- Anschließend schneidet ihr den Apfel
  auf dem Frühstücksbrett in kleine Stücke.
- Nun schält ihr die Banane und schneidet sie mit
  dem Obstmesser auf dem Frühstücksbrett in dünne Scheiben.
- Anschließend gebt ihr die Apfelstückchen und
  die Bananenscheiben in die Schüssel.
- Zum Schluss hebt ihr den Naturjogurt mit dem Esslöffel
  unter die anderen Zutaten.   Guten Appetit!

▸ mit Texten arbeiten: Rezept   ▸ Texte verfassen S. 109   ▸ Arbeitsheft: S. 59, 60
▸ Forderkartei: Nr. 57, 58
▸ AH inklusiv: S. 39

Ein Portfolio anlegen und führen

Ein Portfolio ist eine besondere Sammlung.
Du brauchst dafür einen Ordner.

In deinem Portfolio kannst du Arbeiten sammeln,
* die dir besonders gut gelungen sind.
* auf die du stolz bist.
* die dir wichtig sind.
* bei denen du dir besonders
  viel Mühe gegeben hast.

> Mir sind Arbeiten wichtig,
> bei denen ich mich
> besonders angestrengt habe.

1 Lege dir einen Portfolioordner an.

2 Erstelle für deinen Ordner ein Inhaltsverzeichnis.
Du kannst auch am Computer arbeiten.
Die Überschriften helfen dir dabei:

1. Das bin ich
2. Gedichte und Abzählverse
3. Meine Geschichten
4. Vorträge
5. Buchtipps
6. Bilder/Fotos
7. Meine Lieblingsrezepte

3 Lege nun für deinen Ordner ein Register an.

4 Auch ein Ordner mit Rezepten ist ein Portfolio.
Ihr könnt ein Rezeptportfolio der Klasse anlegen.
Dazu bringt jeder sein Lieblingsrezept mit.
Erstellt dafür gemeinsam ein Inhaltsverzeichnis.

▸ Kompetenzentwicklung
einschätzen mithilfe eines
Portfolios

▸ Gesund leben S. 103

Lernen lernen

Forscheraufgabe

Hier findet ihr die Forscheraufgabe für Seite 106.

Wörter mit ss und ß unterscheiden

> Wir sind mit dem <u>Floß</u> gefahren.

> Das Wasser <u>floss</u> schnell an uns vorbei.

◇ **1** Sprecht euch gegenseitig die unterstrichenen Wörter
   in den Sprechblasen vor und hört euch aufmerksam zu.

⦂ **2** Beschreibt die Unterschiede zwischen den Wörtern mit **ss** und **ß**.
   Wie klingt der Selbstlaut?

⦂ **3** Schreibe die Sätze aus den Sprechblasen ab.
   Markiere in den unterstrichenen Wörtern den langen Selbstlaut
   mit einem Strich, den kurzen Selbstlaut mit einem Punkt.

⦂ **4** Suche noch weitere Wörter mit **ss** und **ß**.
   Nutze das Wörterverzeichnis.
   Ordne diese Wörter in eine Tabelle ein.

Wörter mit ss	Wörter mit ß
essen	aß

Tipp

Statt Selbstlaut sagen wir auch Vokal.

◇ **5** Kennzeichne bei den Wörtern von Aufgabe 4
   den Selbstlaut vor **ss** mit einem Punkt
   und vor **ß** mit einem Strich.

⦂ **6** Versucht nun eine Regel zu formulieren.
   Nach langen Selbstlauten schreibt man …
   Nach kurzen Selbstlauten …

▶ Rechtschreibstrategie entwi-   ▶ Gesund leben S. 99, 100   ▶ Arbeitsheft: S. 54, 55
  ckeln: Mitsprechen   ▶ Förderheft: S. 30
                                                                ▶ Forderkartei: Nr. 65, 66

Richtig schreiben

Wörter mit ss und ß unterscheiden

Bevor ihr hier arbeitet, löst die Forscheraufgabe auf Seite 105.

Bevor ihr hier arbeitet, löst die Forscheraufgabe auf Seite 105.

Merksatz

> Auf einen **kurzen Selbstlaut** (Vokal) folgt **ss**:
> *Tasse, Schlüssel, vergessen.*
> Auf einen **langen Selbstlaut** (Vokal) oder auf einen **Zwielaut**
> **(au, äu, ei, eu, ie)** folgt **ß**: *Straße, schließen, vergaß.*

1 Immer drei Wörter reimen sich. Schreibe die Reimwörter auf.
Schreibe so: *reißen – heißen – ...*

reißen	er schloss	Nuss	schließen	er goss	fließen
Kuss	beißen	es floss	schießen	heißen	Schuss

2 Ordne die Verben von Aufgabe 1 in eine Tabelle ein.
Ergänze dazu die Grundform oder die gebeugte Form im Präteritum.

Grundform	gebeugte Form im Präteritum
reißen	er ...
...	er schloss

3 Schreibe ab und ergänze die Lückenwörter.

Sie i__t kommt von essen,   Aus Nu__ werden Nüsse,
vergi__t kommt von vergessen,   aus Flu__ werden Flüsse,
sie kü__t kommt von küssen,   sie lä__t kommt von lassen,
sie mu__ kommt von müssen.   es pa__t kommt von pa__en.

4 **ss** oder **ß**? Probiert gemeinsam aus, welche Wörter mit langem
Selbstlaut und welche mit kurzem Selbstlaut gesprochen werden.

das Me__er	die Stra__e	sü__	der Ri__	der Spa__
der Schlü__el blo__	der Kompa__	die Schü__el der Flei__		
das Intere__e	drau__en	er fra__	bi__chen	

5 Setze beim Abschreiben **ss** oder **ß** in die Lücken ein.
Kontrolliere mit dem Wörterverzeichnis.

106

▶ Rechtschreibstrategie anwenden: Mitsprechen   ▶ Gesund leben S. 99, 100   ▶ Arbeitsheft: S. 54, 55
▶ Förderheft: S. 30
▶ Forderkartei: Nr. 65, 55

Richtig schreiben

Subjekt und Prädikat kennenlernen

1 Schreibe die Berufe mit den passenden Tätigkeiten auf.
Unterstreiche die Berufe einmal: *Der Bäcker backt.*

Wer oder was tut etwas?	Was wird getan?	
Der Müller ... Die Bäuerin ...	erntet	backt
Der Bäcker ... Die Suppe ...	kocht	mahlt

2 Schreibe zu den Tätigkeiten die passenden Berufe auf.
Unterstreiche die Tätigkeiten zweimal: *Die Schneiderin näht.*

Was wird getan?		Wer oder was tut etwas?	
heilt	näht	Schneiderin ...	Gärtner ...
pflanzt	schreibt	Ärztin ...	Autor ...

> **Merksatz**
>
> Sätze haben ein **Subjekt** und ein **Prädikat**.
> Das **Subjekt** sagt aus, **wer** etwas tut oder **was** geschieht:
> *Der Bauer* erntet. *Das alte Auto* fährt.
> Das **Prädikat** sagt aus, was jemand **tut** oder was **geschieht**:
> Der Bäcker <u>backt</u>. Der Zug <u>steht</u>.

3 Schreibe richtig auf: Wer oder was tut etwas?
Unterstreiche dann das Subjekt einmal und das Prädikat zweimal:
Der Bäcker backt Brötchen.

Subjekte	Prädikate	andere Satzglieder
Die Suppe	backt	im Regal.
Der Bäcker	pflanzt	Holz.
Der Tischler	kocht	Brötchen.
Das Brot	liegt	im Topf.
Der Gärtner	sägt	Gemüse.

4 Schreibe diese Sätze ab und unterstreiche Subjekt und Prädikat:
Das Obst für den Salat schneiden die Kinder.
Liegt die Birne in der Dose?

▸ Satzglieder kennen: Subjekt und Prädikat   ▸ Gesund leben S. 98, 100   ▸ Arbeitsheft: S. 56, 57
▸ Forderkartei: Nr. 109, 110

Subjekt und Prädikat unterscheiden

Merksatz

In jedem Satz gibt es ein Subjekt und ein Prädikat.
Man kann das Subjekt mit **wer** oder **was** erfragen:
(Wer?) Der Bauer erntet. (Was?) Das volle Glas fällt um.
Das Prädikat besteht aus einem Verb, das sagt,
was jemand **tut** oder was **geschieht**.
Manchmal gehören mehrere Wörter zum Prädikat.
Die Mutter freut sich. Das volle Glas fällt um.

1 Lest die Sätze.

Kranksein ist langweilig!

1 Lina hustet.
2 Das arme Mädchen langweilt sich.
3 Sie wartet.
4 Ihre Augen tränen.

5 Jemand klingelt.
6 Ihr Freund Tom kommt.
7 Lina freut sich.
8 Die beiden unterhalten sich.

2 Schreibe die Sätze in dein Heft.
Unterstreiche das Subjekt einmal
und das Prädikat zweimal.

Tipp

Manche Subjekte
und Prädikate bestehen
aus mehreren Wörtern.

3 Die folgenden Sätze enthalten außer Subjekt und Prädikat
noch andere Satzglieder. Schreibe die Sätze ab.
Unterstreiche das Subjekt einmal und das Prädikat zweimal.

9 Sie spielen ein Kartenspiel.
10 Tom geht nach einer Stunde wieder.
11 Jetzt bleibt Lina allein.
12 Sie liegt in ihrem Bett.
13 Ihre Mutter tröstet sie.

4 Ergänze die Sätze 1 bis 8.
Schreibe immer noch Wörter an das Satzende:
Lina hustet ein bisschen.
Das arme Mädchen langweilt sich in ihrem Zimmer.

Sprache untersuchen

Einen Vorgang beschreiben

○ **1** Schaut euch die beiden Bilder an
und lest den Text.

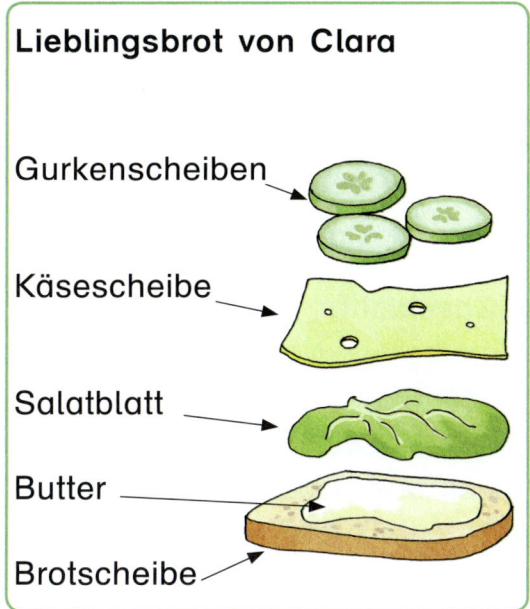

Lieblingsbrot von Clara

Gurkenscheiben

Käsescheibe

Salatblatt

Butter

Brotscheibe

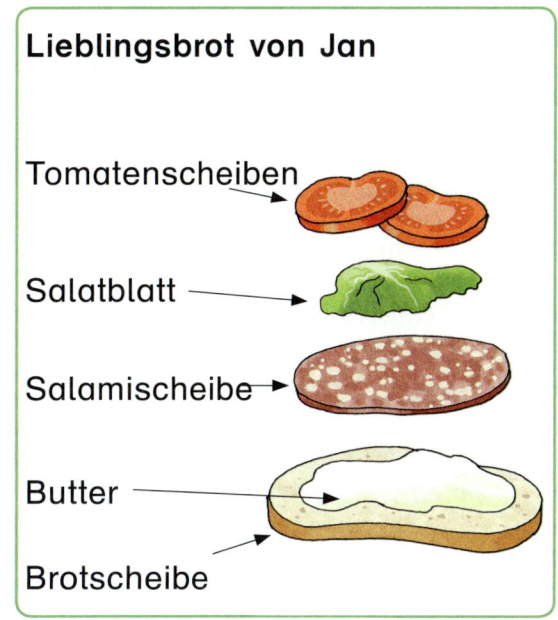

Lieblingsbrot von Jan

Tomatenscheiben

Salatblatt

Salamischeibe

Butter

Brotscheibe

Lieblingsbrot

Bevor ich mein Brot zubereite,
lege ich alle Zutaten bereit.
Zuerst wasche ich das Salatblatt und die Gurke ab.
Dann schneide ich die Gurke in Scheiben.
Anschließend bestreiche ich die Scheibe Brot mit Butter.
Nun lege ich ein Salatblatt und eine Käsescheibe darauf.
Zum Schluss gebe ich Gurkenscheiben auf den Käse.
Fertig ist mein gesundes Lieblingsbrot!

2 Welches Kind hat sein Lieblingsbrot beschrieben?

3 Schau dir nun das andere Bild genau an.
Beschreibe, wie du beim Zubereiten
dieses Lieblingsbrotes vorgehst.

4 Schreibe auf, wie du dein Lieblingsbrot zubereitest.

▶ mit Texten arbeiten: ▶ Gesund leben S. 103   ▶ Arbeitsheft: S. 59, 60
Vorgangsbeschreibung   ▶ Forderkartei: Nr. 57, 58
                                                        ▶ AH inklusiv: S. 39

Zu zweit Geschichten erfinden

Sammelt zuerst einmal spannende Überschriften
für die Geschichten. Die Überschriften können
erfunden sein oder aus Büchern und Zeitschriften stammen.
Dann suchen sich immer zwei Kinder eine Überschrift aus.

> Die entführte Banane

> Das sprechende Pausenbrot

> Die verhexte Schokolade

Schreibt zu zweit eine **Pingpong-Geschichte**.
- Einigt euch, wer anfängt zu schreiben.
- Das erste Kind schreibt einen oder zwei Sätze auf
  und gibt das Blatt an das zweite Kind weiter.
- Nun schreibt das zweite Kind einen oder zwei Sätze dazu.
- So geht es abwechselnd weiter. Jeder muss erst lesen,
  was der andere geschrieben hat. Die eigenen Sätze
  müssen zu den vorhergehenden Sätzen passen.
- Die Geschichte wird so lange weitergegeben und
  weitergeschrieben, bis sie fertig ist.
- Nun kann jedes Kind die Geschichte noch einmal
  abschreiben. Dabei dürft ihr auch Sätze verändern
  oder hinzufügen.

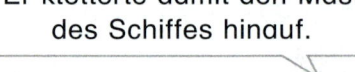
> Er kletterte damit den Mast
> des Schiffes hinauf.

> Ein Affe klaute die Banane
> eines Seeräubers.

Geschichten erzählen und dann schreiben
- Zwei Kinder sammeln gemeinsam Ideen für eine Geschichte.
- Danach erzählt jeder dem anderen die ganze Geschichte.
- Nun schreiben beide Kinder ihre Geschichte auf.
- Zum Schluss liest jeder die Geschichte des anderen.
- Wer möchte, kann seine eigene Geschichte noch
  einmal verändern.

Texte verfassen

Übungskiste 1

1 Schreibe die Wörter nach Wortfamilien geordnet auf.

> der Fluss   gebissen   geschossen   schießen
> geflossen   der Biss   beißen   der Schuss   fließen

2 Schreibe zu den Verben die gebeugten Formen
im Präsens und im Präteritum auf:

wissen – er weiß, er wusste, ...

> **wissen   vergessen   heißen   lassen   messen**

3 Schreibe die Fragen ab. Beantworte sie in Sätzen:
Wer isst Obstsalat? Die Mutter isst Obstsalat.

Wer isst Obstsalat?
Was kocht auf dem Herd?
Wer isst gern frisches Brot?
Wer trinkt frische Milch?
Was liegt auf dem Brettchen?

> die **Mutter**
> die **Suppe**
> **wir**
> meine **Schwester**
> ein **Messer**

4 Unterstreiche in den Antwortsätzen von Aufgabe 3
das Subjekt einmal, das Prädikat zweimal.

5 Schreibe den Text ab.

> **Abschreibtext**
>
> **Pausenfrühstück**
> Gestern habe ich in der großen Pause ein Brot
> mit Tomaten und Kresse gegessen.
> Auch Nüsse waren in meiner Brotdose.
> Nur den Apfel hatte mein Vater vergessen.
> Mein Freund aß Müsli.
> Anschließend sind wir nach draußen gegangen.
> Im Schulgarten gossen wir das Gemüse.
> Das machte Spaß. Wir mussten gut aufpassen,
> denn wir wollten nicht nass werden.

6 Unterstreiche im Text alle Wörter mit **ss** und **ß**.

der Biss
beißen
draußen
essen, isst,
aßen
der Fluss
fließen
heiß
heißen,
heißt, hieß
lassen,
lässt, ließ
messen,
misst, maß
das Messer
müssen,
muss
schießen
der Schuss
vergessen,
vergisst,
vergaß
wissen,
weiß,
wusste

▸ Rechtschreibstrategien,
  Arbeitstechniken und
  Übungsformen anwenden
▸ Richtig schreiben S. 106
▸ Sprache untersuchen
  S. 107, 108
▸ Arbeitsheft: S. 54–58
▸ Förderheft: S. 30
▸ Forderkartei: Nr. 65, 109

1 Schreibe die Sätze im Präteritum in dein Heft:

Die Lehrerin begrüßte die Klasse 3a im Schulgarten.

Die Lehrerin begrüßt die Klasse 3a im Schulgarten.
Die Kinder gießen sorgfältig die Pflanzen.
Die Gießkannen schließen sie wieder im Schuppen ein.
Nora vergisst, eine Kanne wegzuräumen.
Fressen Schnecken den ganzen Salat?

begrüßen, begrüßte
essen, aß
fressen, fraß
gießen, goss
schließen, schloss
vergessen, vergaß

2 Schreibe sinnvolle Sätze auf.
Unterstreiche das Subjekt einmal
und das Prädikat zweimal:

Das freundliche Kind hilft der Oma.

Wer oder was tut etwas?	Was wird getan?	andere Satzglieder
Das freundliche Kind	wechselt	das Geld.
Der Pilot	hilft	der Oma.
Der Kassiererin	fliegt	das Flugzeug.
Der breite Fluss	steht	in das Meer.
Die alte Burg	mündet	auf einem Berg.

3 Lies das Rezept. Was stellst du fest?

Erdbeermüsli

Jetzt gieße ich etwas Milch in die Schüssel.
Zum Schluss garniere ich das Müsli mit einigen Nüssen.
Dann schneide ich sie klein.
Anschließend verrühre ich alle Zutaten.
Danach gebe ich die Erdbeerstückchen
und die Getreideflocken in eine Schüssel.
Zuerst wasche ich die Erdbeeren ab.

4 Schreibe das Rezept in der richtigen Reihenfolge
in dein Heft.

▶ Rechtschreibstrategien, Arbeitstechniken und Übungsformen anwenden
▶ Gesund leben S. 106, 107, 108, 109
▶ Arbeitsheft: S. 54–60
▶ Fö/Fo: S. 30 / Nr. 65, 109, 57
▶ AH inklusiv: S. 39

Was kann ich nun?

Weißt du, was du nun alles kannst? Teste dich selbst!

1 Setze beim Abschreiben der Verben **ss** oder **ß** richtig ein: *fließen, ...*

flie⬚en me⬚en kü⬚en schlie⬚en hei⬚en pa⬚en

2 In jedem Satz hat sich ein Fehler versteckt.
Schreibe die Sätze ohne Fehler in dein Heft.

Das Kätzchen schleckt Milch aus der Schüßel.
Das süsse Kaninchen macht mir viel Spaß.
Das Nilpferd steht in der Nähe des Flusses und frißt.
Unser Hund hat die Vase mit dem Blumenstrauß umgestossen.

3 Ordne die Verben in die Tabelle ein.
Ergänze die fehlenden Verbformen.

Präsens	Präteritum	Grundform
es gießt	es goss	gießen
er vergisst		

es goss   er vergisst   er biss   lassen   sie weiß
sie schließt   essen   er heißt   es fraß   fließen

4 Schreibe die Sätze ab. Unterstreiche das Subjekt einmal
und das Prädikat zweimal.

Lukas, der Pizzabäcker
Am Wochenende half Lukas seiner Mutter
in der Küche. Er schnitt dünne Scheiben vom Käse ab.
Anschließend legte seine Mutter diese auf die Pizza.
Danach schob sie das Blech in den Ofen.
Nach einer halben Stunde holte Lukas die Pizza heraus.
Das heiße Blech fasste er mit dem Topflappen an.
Die Pizza schmeckte allen gut.

▸ Rechtschreibstrategien und
Arbeitstechniken anwenden
▸ Lernprozesse reflektieren
▸ Lösungen S. 161
▸ Arbeitsheft: S. 61

113

Große und kleine Tiere

Lebensraum Wiese

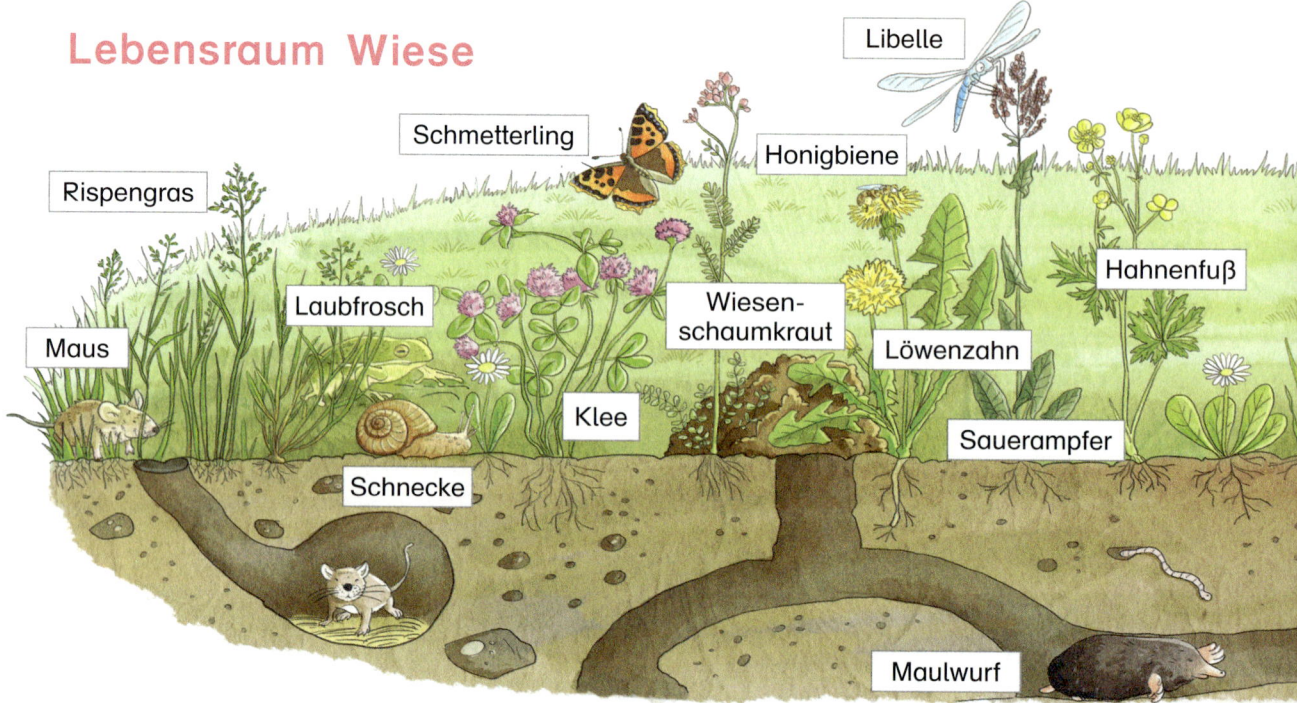

Libelle
Schmetterling
Honigbiene
Rispengras
Hahnenfuß
Laubfrosch
Wiesen-
schaumkraut
Maus
Löwenzahn
Klee
Sauerampfer
Schnecke
Maulwurf

○ **1** Seht euch das Bild von der Wiese genau an.
Was entdeckt ihr? Sprecht darüber.

◌ **2** Welche Tiere und Pflanzen findet ihr auf dem Bild?
Schreibt die Namen in eine Tabelle.

Tiere	Pflanzen
Laubfrosch	

○ **3** Schreibe den Text in dein Heft.

Die Wiese
Auf einer Wiese wachsen viele Pflanzen.
Insekten suchen hier nach Nahrung.
Auch andere kleine Tiere leben auf und unter der Wiese.
Wenn man eine Wiese beobachtet,
kann man vieles entdecken.

○ **4** Unterstreiche die Wörter mit **ie**.

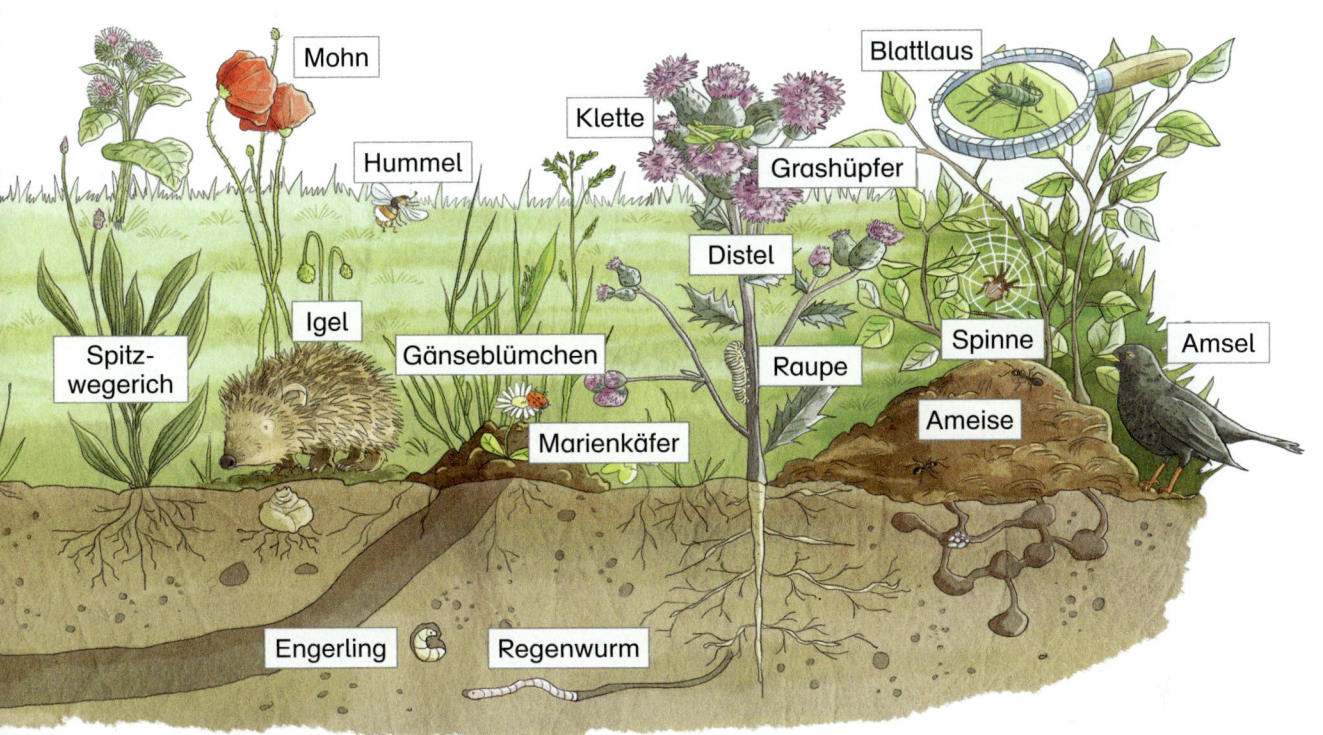

Mohn · Klette · Blattlaus · Hummel · Grashüpfer · Distel · Igel · Gänseblümchen · Raupe · Spinne · Amsel · Spitz-wegerich · Marienkäfer · Ameise · Engerling · Regenwurm

5 Was passt zusammen?
Schreibe sinnvolle Sätze auf.

von Insekten

durch das kühle Gras

Die Amsel sitzt ⬚.

im Frühlingswind

Grashalme wiegen sich ⬚.

unter einem Strauch

Die Schnecke kriecht ⬚.

einen sonnigen Platz

Der Maulwurf ernährt sich ⬚.

für ihr Netz

Der Regenwurm kriecht ⬚ ⬚.

bei Regen

Die Spinne wählt ⬚ ⬚.

aus der Erde

Was ist ein Rasen?

Was ist eine Wiese?

Was ist eine Weide?

Was ist Heu?

6 Beantwortet die Fragen der Kinder.
Ihr könnt auch im Lexikon oder im Internet nachschauen.

▸ Satzergänzungen kennen
▸ in Medien themenorientiert
nach Informationen suchen

▸ Arbeitsheft: S. 62, 63

Die Erdhummel

○ **1** Lies den Steckbrief über die Erdhummel genau.

Steckbrief:	**Die Erdhummel**
Aussehen:	größer als eine Biene, dichtes Haarkleid mit zwei gelben Streifen auf Brust und Hinterleib
Lebensraum:	Gärten, Wiesen mit blühenden Pflanzen
Nahrung:	Blütenstaub, Nektar von Klee, Mohn und Glockenblumen
Nest:	verlassenes Mauseloch, Baumhöhle, Felsspalte
Vermehrung:	Hummelkönigin legt Eier in Brutzellen

○ **2** Stellt euch gegenseitig Fragen zur Erdhummel.
Sucht im Steckbrief die passenden Antworten.
Wie sehen Erdhummeln aus?

○ **3** Beantworte diese Fragen im Heft.
Schreibe zuerst die Frage und dann die Antwort auf.

Wo leben Erdhummeln?
Was fressen sie?
Wo bauen sie ihre Nester?
Wie vermehren sich Erdhummeln?

○ **4** Schreibe alle Informationen zur Erdhummel nun in Stichwörtern auf Karten. Nutze diese für einen Expertenvortrag.

▸ gezielt Informationen sammeln
▸ Fragen stellen, Antworten geben
▸ mithilfe von Wortkarten strukturiert erzählen

▸ Arbeitsheft: S. 62, 63, 72
▸ Forderkartei: Nr. 13, 14, 17, 18

Was Namen verraten können

○ **1** Setze beim Lesen die Namen
in die Lücken ein.

Der ▢ kriecht bei Regen aus dem Boden.

Der ▢ hüpft durch das Gras.

Im Monat Mai fliegt der ▢ durch die Luft.

Die ▢ hat eine karierte Blüte.

Glockenblume   Schachbrett-
blume

Grashüpfer

Nacktschnecke

Kreuzspinne

Regenwurm   Maikäfer   Maulwurf

○ **2** Schreibe die Sätze vollständig ab.

○ **3** Unterstreiche in jedem Satz
das Subjekt einmal.

○ **4** Überlege dir weitere Sätze
zu den anderen Bildern.

○ **5** Vervollständige die Sätze:
Meine Schmusekatze kuschelt mit mir. ...

Meine Schmuse  kuschelt mit mir.

Die Honig summt im Baum.

Der Jagd hilft dem Jäger.

Das Zug zieht den Wagen.

Die Lese  liest gern Bücher.

Die Schnatter  quatscht mit der Nachbarin.

○ **6** Schreibe die Sätze richtig in dein Heft.

○ **7** Unterstreiche das Prädikat zweimal:
Meine Schmusekatze kuschelt mit mir. ...

▸ Satzglieder ermitteln
▸ mit Sprache spielerisch und
experimentell umgehen

▸ Sprache untersuchen S. 129

▸ Arbeitsheft: S. 68
▸ Forderkartei: Nr. 107, 108

Besuch beim Imker

○ **1** Die Klasse 3a hat einen Imker besucht.
Lest, was die Kinder über ihren Ausflug auf der Homepage
der Schule berichten.

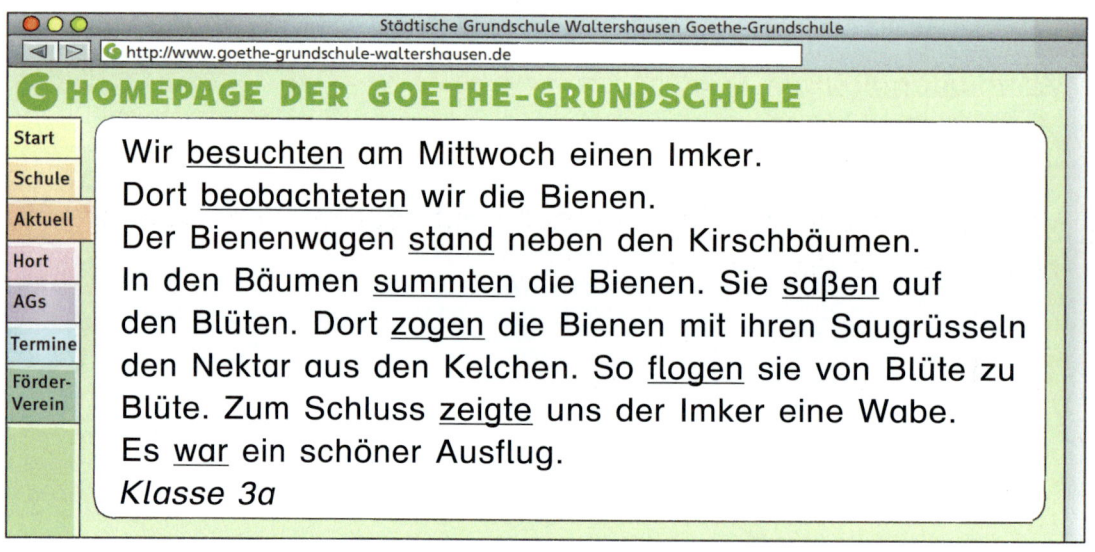

Städtische Grundschule Waltershausen Goethe-Grundschule

◀ ▶ http://www.goethe-grundschule-waltershausen.de

HOMEPAGE DER GOETHE-GRUNDSCHULE

Start
Schule
Aktuell
Hort
AGs
Termine
Förder-Verein

Wir <u>besuchten</u> am Mittwoch einen Imker.
Dort <u>beobachteten</u> wir die Bienen.
Der Bienenwagen <u>stand</u> neben den Kirschbäumen.
In den Bäumen <u>summten</u> die Bienen. Sie <u>saßen</u> auf
den Blüten. Dort <u>zogen</u> die Bienen mit ihren Saugrüsseln
den Nektar aus den Kelchen. So <u>flogen</u> sie von Blüte zu
Blüte. Zum Schluss <u>zeigte</u> uns der Imker eine Wabe.
Es <u>war</u> ein schöner Ausflug.
Klasse 3a

○ **2** Die Kinder berichten über ihren Ausflug.
Sie schreiben über etwas Vergangenes.
Schreibe die Verben, die im Präteritum stehen,
untereinander in dein Heft. Schreibe so: *besuchten*
beobachteten

▸ Medien nutzen
▸ Zeitformen kennenlernen

▸ Sprache untersuchen
S. 127, 128

▸ Arbeitsheft: S. 66, 67
▸ Forderkartei: Nr. 101, 102

3 Lest, was Lara zu Hause
von ihrem Ausflug erzählt.

> Wir <u>haben</u> am Mittwoch einen Imker <u>besucht</u>.
> Dort <u>haben</u> wir die Bienen <u>beobachtet</u>.
> Der Bienenwagen <u>hat</u> neben den Kirschbäumen
> <u>gestanden</u>. In den Bäumen <u>haben</u> die Bienen <u>gesummt</u>.
> Sie <u>haben</u> auf den Blüten <u>gesessen</u>.
> Dort <u>haben</u> die Bienen mit ihren Saugrüsseln den Nektar
> aus den Kelchen <u>gezogen</u>.
> So <u>sind</u> sie von Blüte zu Blüte <u>geflogen</u>.
> Zum Schluss <u>hat</u> uns der Imker eine Wabe <u>gezeigt</u>.
> Es <u>ist</u> ein schöner Ausflug <u>gewesen</u>.

4 Im Text der Homepage und von Lara wird dasselbe berichtet.
Was ist anders?

5 Stelle die Verbformen aus beiden Texten gegenüber.
Schreibe so: *besuchten – haben besucht, ...*

6 Schreibe die Grundform der Verben auf:
besuchen, beobachten, ...

7 Ergänze die Lücken. Schreibe den Text vollständig in dein Heft.
Unterstreiche die Formen von **sein**:
Ich bin über die Wiese gelaufen. ...

Ich _____ über die Wiese gelaufen.   ist

Du _____ im See geschwommen.   bin

Er _____ mit dem Fahrrad gefahren.   sind

Wir _____ spazieren gegangen.   bist

Ihr _____ aus dem Wald gekommen.   sind

Sie _____ beim Imker gewesen.   seid

8 Schreibe über einen Klassenausflug. Nutze das Präteritum.

Ein Ausflug in den Wildpark

○ **1** Lest den Text.

Familie Karl fuhr letzten Samstag
in den Wildpark. Im Streichelzoo durfte Lisa
ein Lämmchen auf den Arm nehmen.
Der Vater ermahnte sie, vorsichtig zu sein.
Das Lämmchen war zahm und fühlte sich wohl.
Tom fand an einem Baum einen großen Zahn.
Der Vater erklärte ihm: „Damit wühlen die Wildschweine in freier
Wildbahn ihre Nahrung aus dem Boden. Der Zahn heißt Hauer."
Auf einmal sahen die Kinder ein offenes Gatter. …

⦂ **2** Suche im Text die Wörter mit **hl, hm, hn** und **hr**.
Schreibe sie geordnet in dein Heft.

Wörter mit hl: wohl, …
Wörter mit hm: …
Wörter mit hn: …
Wörter mit hr: …

⦂ **3** Wie könnte die Geschichte weitergehen? Schreibe sie auf.

⦂ **4** Gib deiner Geschichte auch eine Überschrift.

○ **5** Lest euch gegenseitig eure Geschichten vor.

⦂ **6** Überarbeitet eure Geschichten.
Benutzt die Textlupen von Seite 22.

⦂ **7** Schreibe die Wörter nach Wortfamilien geordnet auf.
Markiere **hr, hl, hm, hn** und **hr**.

ermahnt	Fühler	zahm	Gefühl
fühlen	zähmen	gefährden	Ermahnung
Gefahr	Zähmung	ermahnen	gefährlich

▸ Schreibprozesse planen, überarbeiten und gestalten
▸ Rechtschreibstrategie: Merken
▸ Richtig schreiben S. 126
▸ Arbeitsheft: S. 65
▸ Förderheft: S. 36
▸ Forderkartei: Nr. 73

  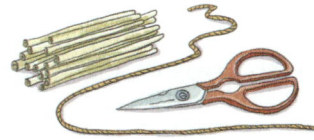

Ideenkiste

Ein Hotel für Insekten

Material	Werkzeuge
• eine leere, saubere Blechbüchse • Schilfrohr, Schnur, Kleber	• Dosenöffner • große, stabile Schere

Ich baue ein Insektenhotel.
Zuerst entferne ich den Boden
der Blechbüchse mit einem Dosenöffner.
Ich achte darauf, dass ich mich
am Rand nicht verletze.

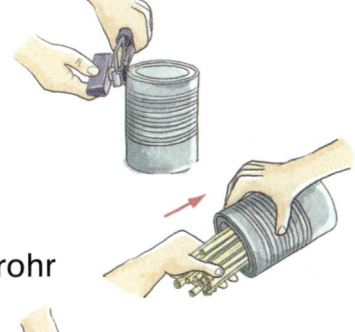

Dann stecke ich ein kleines Bündel Schilfrohr
dicht in die Blechbüchse.

Danach schneide ich das Schilfrohr
auf die Länge der Büchse ab.

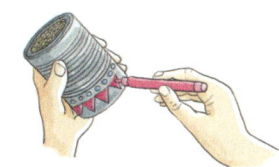

Nun gestalte ich mein Insektenhotel.
Dazu kann ich farbige Folie oder
Folienstifte verwenden.

Jetzt binde ich eine Schnur um die Dose.
Nun hänge ich das Insektenhotel
an einem Ast auf.

• Du kannst über mehrere Tage beobachten,
welche Besucher (Insekten) dein Hotel hat.

• Im Sachbuch findest du die Namen
der Insekten.

• Aus welchen Materialien kannst du noch
ein Insektenhotel bauen? Informiere dich.

Einen Vortrag vorbereiten und halten

Sich ein Thema überlegen

Mich interessieren Schnecken.

Informationen einholen

Ihr möchtet einen Vortrag
über Weinbergschnecken halten.
Zuerst geht ihr in die Bücherei,
um euch dort über Schnecken
zu informieren.
Ihr findet dort Lexika, Sachbücher,
Tierbücher und einen Computer.

Dann sucht ihr im Internet
nach Informationen.
Suchmaschinen helfen euch
dabei:

- www.blinde-kuh.de
- www.geolino.de
- www.helles-köpfchen.de

1 Worauf müsst ihr bei der Suche im Internet achten?
Überlegt gemeinsam.

2 Lies dir den Lexikonartikel auf Seite 123 durch.
Einige Wörter sind schon unterstrichen,
die für den Vortrag wichtig sind.

Lernen lernen

Informationen auswählen und Stichwörter schreiben

Die Weinbergschnecke

Weinbergschnecken leben in Laubwäldern, auf Wiesen und
in Weinbergen. Sie brauchen zum Leben eine feuchte Umgebung.
Weinbergschnecken haben einen weichen, hellgrauen Körper und
keine Knochen. Ein Gehäuse aus Kalk schützt ihren Körper.
Es ist meist dunkelbraun mit hellen Streifen.
Weinbergschnecken ernähren sich von Blättern und Kalk. Ihre
Nahrung suchen sie erst bei Dunkelheit und an feuchten Tagen.
Im Sommer graben sie ein Loch in die Erde. Dort hinein legen sie
60 bis 70 Eier. Nach drei Wochen schlüpfen die jungen Schnecken
aus den Eiern.
Im Winter graben sie sich für 3 bis 4 Monate in die Erde ein.
Sie verschließen ihr Schneckenhaus mit einem festen Kalkdeckel,
der sie vor dem Austrocknen schützt.

1 Ordne die Informationen in Stichwörtern auf Karteikarten.
Ergänze weitere Informationen.
Die Teilüberschriften auf dem Plakat helfen dir.

Informationen vortragen
Mithilfe der Karten und mit deinem Plakat
kannst du den Vortrag halten.

Tipp

- Verwendet Wörter, die ihr versteht,
  oder erklärt Unbekanntes.
- Lest eure Informationen mehrmals,
  bis ihr sie gut kennt.
- Schreibt aus dem Kopf Stichwörter
  zu jeder Teilüberschrift.
- Übt den Kurzvortrag vor einem Spiegel.
- Hängt das Plakat sichtbar auf.
- Steht beim Vortragen gerade.
- Sprecht langsam, laut und deutlich.
- Schaut eure Zuhörer an.

- gezielt Informationen sammeln
- mithilfe von Wortkarten strukturiert berichten

▶ Große und kleine Tiere
S. 116

▶ Arbeitsheft: S. 62, 63, 72
▶ Förderheft: S. 8, 9
▶ Forderkartei: Nr. 17–20, 23,

123

Wörter mit ie schreiben

◇ **1** Bilde Reimpaare: *Lieder – Flieder, ...*

~~Lieder~~	tief	Miete	zielen	biegen	Niete
schief	~~Flieder~~	wiegen	Ziel		schließen
fließen	spielen	viel	sieben	kriechen	Riese
kriegen	lieben	Wiese	liegen	riechen	

◇ **2** Schreibe die Verben von Aufgabe 1 in der gebeugten Form mit **er** auf: *er spielt, ...*

> **Merksatz**
>
> Die meisten Wörter, in denen du ein **langes und deutliches i** hörst, werden mit **ie** geschrieben: *Biene, niemand, fliegen.*

◇ **3** Wie werden diese Bildwörter geschrieben?
Wenn du unsicher bist, schau im Wörterverzeichnis nach.

◇ **4** **i** oder **ie**? Ordne die Wörter in eine Tabelle ein.
Schreibe sie vollständig auf. Nutze auch das Wörterverzeichnis.

Wörter mit i	*Wörter mit ie*
Kino	*Kiefer*

K__no	K__fer	sch__ben	Mus__k
z__hen	Kam__n	T__re	m__r

▶ Rechtschreibstrategie anwenden: Merken
▶ Reimpaare bilden

▶ Große und kleine Tier S. 114

▶ Arbeitsheft: S. 64
▶ Förderheft: S. 37

Richtig schreiben

Forscheraufgabe

Hier findet ihr die Forscheraufgabe für Seite 126.

Wörter mit Dehnungs-h üben

○ **1** Schreibe jedes Wort auf einen Zettel.

Zahl	Schaf	fühlen	rufen
nehmen	führen	Fehler	Höhle
zähmen	Laden	leben	rühren
Bahn	bohren		

2 Sprecht euch diese Wörter deutlich vor.
Wie klingt der erste Selbstlaut?

3 Ordne nun die Wörter so:

Wörter mit einem h nach langem Selbstlaut: Zahl, ...
Wörter ohne h nach langem Selbstlaut: Schaf, ...

○ **4** Welche vier verschiedenen Mitlaute stehen nach dem **h**?

5 Vervollständige die Regel.

Nach dem Dehnungs-h können nur die Mitlaute
☐, ☐, ☐ *und* ☐ *stehen.*

6 Schreibe alle Wörter, die zu einer Wortfamilie gehören,
nebeneinander: *wohnlich – ... – ...*

wohnlich	ernähren	fühlen
Gefühl	Nahrung	Wohnung
gefühlvoll	wohnen	nahrhaft

7 Unterstreiche immer den Wortstamm.
Was stellst du fest?

▶ Rechtschreibstrategien erforschen
▶ Wortfamilien bilden
▶ Große und kleine Tiere S. 120
▶ Arbeitsheft: S. 65
▶ Förderheft: S. 36
▶ Forderkartei: Nr. 73

Richtig schreiben

Wörter mit Dehnungs-h üben

Für Wörter mit einem langen Selbstlaut (Vokal) gilt:
Nur **vor den Mitlauten** (Konsonanten) **l, m, n, r** kann
ein **Dehnungs-h** stehen: *kühl, zahm, Bahn, bohren.*
Die meisten Wörter mit einem langen Selbstlaut (Vokal)
enthalten aber kein **Dehnungs-h.**

○ **1** Schreibe die Wörter ab und ergänze darunter die Reimwörter.

hohl	zahm	kehren	Zahn
w____	l____	sich w____	K____
K____	R____	l____	B____

○ **2** Unterstreiche das **h** und den nachfolgenden Mitlaut: *hohl, …*

⦂ **3** Ordne die Wörter aus dem Kasten nach **hl, hm, hn** und **hr.**
Schreibe so:
Wörter mit hl: Fehler, …
Wörter mit hm:
Wörter mit hn:
Wörter mit hr:

~~Fehler~~	zähmen	wohnen	Bahnen	Jahre	Rahmen
kühl	zählen	gefährlich	wählen	ihm	Lehrer	führen
nehmen	ähnlich	ihn	Stühle	Höhlen		

○ **4** Schreibe die Nomen (Substantive) von
Aufgabe 3 mit Trennstrichen: *Feh-ler, …*

⦂ **5** Beuge zwei Verben von Aufgabe 3
im Präsens und Präteritum. Schreibe so:
ich wohne   ich wohnte
du wohnst   du wohntest
er …   er ….

Richtig schreiben

▸ Rechtschreibstrategie
anwenden: Merken
▸ Übungsformen anwenden

▸ Große und kleine Tiere
S. 120

▸ Arbeitsheft: S. 65
▸ Förderheft: S. 36
▸ Forderkartei: Nr. 73

Zeitformen unterscheiden: Perfekt und Präteritum

○ **1** Lest die Texte.

Tierbeobachtungen

a. Vorhin <u>habe</u> ich etwas Spannendes <u>beobachtet</u>.
   Eine Fliege <u>ist</u> mitten in ein Spinnennetz <u>geflogen</u>.
   Dort <u>hat</u> sie <u>gezappelt</u>.
   Blitzschnell <u>ist</u> eine Spinne <u>gekommen</u>.

b. Heute Morgen <u>beobachtete</u> ich etwas Spannendes.
   Eine Fliege <u>flog</u> mitten in das Netz einer Spinne.
   Sie <u>zappelte</u> ein bisschen.
   Blitzschnell <u>kam</u> eine Spinne.

2 In beiden Texten wird dasselbe berichtet.
Es gibt aber Unterschiede. Nennt diese.

Merksatz

> Es gibt zwei **Zeitformen** für die Vergangenheit.
> Das **Präteritum** verwenden wir meist, wenn wir etwas
> **aufschreiben**, das vergangen ist: *Die Fliege <u>flog</u> ins Netz,*
> *doch sie <u>befreite</u> sich wieder.*
> Das **Perfekt** gebrauchen wir, wenn wir etwas **mündlich**
> **erzählen**, was vergangen ist: *Die Fliege <u>ist</u> ins Netz <u>geflogen</u>,*
> *doch sie <u>hat</u> sich wieder <u>befreit</u>.*

3 Stelle die Verben aus beiden Texten in einer Tabelle gegenüber.

Perfekt	Präteritum
habe beobachtet	beobachtete
...	...

4 Beuge die Verben **fliegen** und **beobachten** im Perfekt.
Schreibe so:

ich bin geflogen   *wir sind ...*   *ich habe beobachtet*
du bist ...   *ihr ...*   *du hast ...*
er, sie, es ...   *sie ...*   *er, sie, es ...*

Verben in den Zeitformen üben

1 Ergänzt die folgenden Verbformen. Sprecht sie euch vor.

Grundform	Präteritum	Perfekt
kriechen	kroch	ist gekrochen
riechen	▭	hat ▭
gießen	goss	hat gegossen
schließen	▭	hat ▭
kennen	kannte	hat gekannt
rennen	▭	ist ▭
fliegen	flog	ist geflogen
ziehen	▭	hat ▭
essen	aß	hat gegessen
vergessen	▭	hat ▭
streiten	stritt	hat gestritten
reiten	▭	▭ ▭

2 Schreibe die Verben von Aufgabe 1
in der gebeugten Form mit **er, sie** oder **es** auf:
kriechen, er kroch, er ist gekrochen, ….

3 Schreibe die Sätze ab. Setze das Präteritum oder Perfekt richtig ein.

Ritt auf dem Pony

reiten:	Gestern bin ich auf meinem Pony ▭.
springen:	Dabei sind wir über einen Graben ▭.
geben:	Ich ▭ dem Pony zuerst einen kleinen Klaps.
springen:	Da ▭ es los.
kommen:	Aber es ▭ nicht ganz hinüber.
fallen:	Und ich ▭ in den Graben.
kriechen:	Ich ▭ wieder hinaus.
rennen:	Aber mein Pony ▭ schon nach Hause.
laufen:	Es ▭ von allein zurück in den Stall.
finden:	Dort ▭ ich es dann ▭.

▶ Wortarten kennen: Verben   ▶ Große und kleine Tiere   ▶ Arbeitsheft: S. 67
▶ Zeitformen üben   S. 118, 119   ▶ Förderheft: S. 103, 104

Sprache untersuchen

Mit Satzgliedern üben

1 Wie viele Satzglieder hat der Satz? Schreibe ihn in dein Heft.
Trenne die Satzglieder mit Strichen voneinander ab.

> Im Herbst gehen die Kinder mit ihren Eltern in den Wildpark.

2 Bilde mit den Satzgliedern von Aufgabe 1 drei weitere Sätze,
indem du ein anderes Satzglied an den Satzanfang stellst.

3 Bilde aus den Satzgliedern mindestens vier sinnvolle Sätze:
Der Frosch   quakt   abends   am Teich. ...

Wer macht etwas?	Was tut jemand?	Wann?	Wo?
der Frosch	fliegt	abends	von Blüte zu Blüte
die Biene	kriecht	am Morgen	durch das Gras
die Schnecke	badet	bei Regen	im See
Lena	quakt	im Sommer	am Teich

4 Unterstreiche in deinen Sätzen
das Subjekt einmal, das Prädikat zweimal.

5 Wähle einen Satz von Aufgabe 3 aus und stelle ihn zweimal um,
sodass ein anderes Satzglied am Satzanfang steht.
Bilde auch einen Fragesatz. Schreibe so:
Abends quakt der Frosch am Teich.
Am Teich quakt abends der Frosch.
Quakt der Frosch abends am Teich?

6 Schreibe einen Satz mit vier Satzgliedern auf.
Unterstreiche das Subjekt einmal, das Prädikat zweimal.
Trenne die Satzglieder mit Strichen voneinander ab.

▶ Satzglieder umstellen   ▶ Große und kleine Tiere   ▶ Arbeitsheft: S. 68
S. 118, 119   ▶ Förderheft: S. 107, 108

Sprache untersuchen

Geschichten schreiben

1 Suche dir fünf Wörter aus,
die du in deiner Geschichte benutzen möchtest.

Bär — wählen — spielen — Riese — Höhle — wohnen — zahm — sieben — liegen — Wiese — Fahrrad — Frühling — viele — erschrecken — kühl

Hm, ich muss noch überlegen.

Ich nehme auf jeden Fall …

2 Schreibe deine Geschichte.

Geschichtenwürfel

3 Stellt euch drei Geschichtenwürfel her.
Schreibt auf jede Seite der Würfel ein Wort.
Auf einem Würfel sollen
– sechs Nomen (Substantive),
– auf einem sechs Verben,
– auf einem sechs Adjektive stehen.

4 Würfelt mit jedem Würfel einmal.
Schreibt mit den drei Wörtern eine Geschichte.

▶ Schreibanlässe kennen und nutzen

▶ Große und kleine Tiere S. 130
▶ Bücher und anderen Medien S. 69

▶ Arbeitsheft: S. 70, 71
▶ Forderkartei: Nr. 37, 38

Texte verfassen

Übungskiste 1

1 Bilde Reimwörter.

Schreibe so: *gießen – fließen, ...*

gießen	Miete	schief	Stiel	riechen
fl▭	N▭	t▭	Z▭	kr▭

lieb	liegen
▭	▭

2 Welche Verben gehören zusammen?

Schreibe so: *gießen – es goss, ...*

~~gießen~~	schweigen	~~es goss~~	er schwieg
rufen	ziehen	er hielt	sie zog
bleiben	spielen	es wog	wir spielten
wiegen	halten	ich rief	es blieb

3 Schreibe den Text ab.

Abschreibtext

Ein Schmetterling
Gestern bin ich über eine Wiese gelaufen.
Dort habe ich etwas entdeckt.
Ein Schmetterling flog auf eine Blüte.
Er saß ganz ruhig da.
Ich habe ihn genau beobachtet.
Zu Hause habe ich im Lexikon
den Namen des Schmetterlings
gesucht. Es war ein Tagpfauenauge.

4 Unterstreiche im Text die Verben.

5 Schreibe die Verben in eine Tabelle.
Ergänze die fehlende Verbform.

Präteritum	Perfekt
ich lief	ich bin gelaufen

beobachten,
beobachtest,
beobachtete,
hat beobachtet
biegen
der Dieb
entdecken,
entdeckst,
entdeckte,
hat entdeckt
fliegen, fliegst,
flog,
ist geflogen
fließen
gießen
kriechen
lieb
liegen
die Miete
die Niete
riechen
schief
sein, ist, war,
ist gewesen
sitzen, sitzt,
saß,
hat gesessen
suchen, suchst,
suchte,
hat gesucht
der Stiel
tief
wiegen
das Ziel

▸ Rechtschreibstrategien, Arbeitstechniken und Übungsformen anwenden ▸ Richtig schreiben S. 124 ▸ Sprache untersuchen S. 127, 128 ▸ Arbeitsheft: S. 64-67 ▸ Förderheft: S. 37 ▸ Forderkartei: Nr. 101, 102

131

Übungskiste 2

1 Welche Wörter gehören zu einer Wortfamilie?
Schreibe so: *ahnen – ähnlich – Ahnung, …*

> AHNEN   ERNÄHREN   ZÄHMUNG
> NAHRHAFT   ZAHM   GEFÜHL
> ÄHNLICH   AHNUNG   ZÄHMEN
> FÜHLEN   NAHRUNG   FÜHLBAR

2 Schreibe die Wörter mit Trennstrichen auf.
Schreibe so: *füh-ren, …*

> führen   Zähne   zähmen   Fehler
> während   nehmen   Wohnung   wählen

ähnlich
fahren
der Fehler
fühlen
führen
die Gefahr
die Nahrung
riechen, riechst,
roch,
hat gerochen
wählen
während
wohnen
zahm

3 Beuge die Verben im Perfekt:

kriechen   *riechen*
ich bin gekrochen   wir sind …   ich habe …
du …

> kriechen

> riechen

4 Bilde aus den Satzgliedern einen Aussage- und einen Fragesatz.
Unterstreiche das Subjekt einmal, das Prädikat zweimal.

> fahren   mit dem Fahrrad
>
> zum Spielplatz   die Kinder

Tipp
Den Satzanfang
schreiben wir groß.

5 Schreibe eine kleine Geschichte.
Wähle dafür vier Wörter aus einer Schatzkiste aus.

> fröhlich   Höhle   Reh
> gefährlich   Tiefe   Ferien
> Bahn   erzählen

> niemals   Dieb   schwierig
> fühlen   funkeln   ruhig
> erschrecken   Schatz

▶ Rechtschreibstrategien,
Arbeitstechniken und
Übungsformen anwenden

▶ Richtig schreiben S. 65
▶ Sprache untersuchen S. 128
▶ Texte verfassen S. 130

▶ Arbeitsheft: S. 65-71
▶ Förderheft: S. 36
▶ Forderkartei: Nr. 73, 101, 37

Was kann ich nun?

Weißt du, was du nun alles kannst? Teste dich selbst!

1 Schreibe die Wörter und die Reimwörter in dein Heft.

Stiel – v_____ – _____   tief – r_____ – _____

wiegen – kr_____ – _____

2 Setze das passende Wort ein.

Das Bild hängt in einem Ra_____.
Die Le_____ kommt mit ihrer Tasche in die Klasse.
An meinem Fa_____ ist die Klingel kaputt.

3 Finde zu jeder Buchstabenverbindung zwei Wortbeispiele.

Wörter mit hl: ...   Wörter mit hn:
Wörter mit hr: Wörter mit hm:

4 Übertrage die Tabelle in dein Heft.
Ergänze die fehlenden Verbformen im Präteritum oder Perfekt.

Präteritum	Perfekt
er gab	er _____
sie _____	sie hat beobachtet
er zog	er _____
sie _____	sie ist geflogen

5 Schreibe zu den Verbformen von Aufgabe 4 die Grundform auf.

6 Bilde aus den Satzgliedern zwei Sätze und schreibe sie auf.

gestern   viele Tiere   mit dem Fernglas   ich   beobachtete

7 Unterstreiche in den Sätzen von Aufgabe 6 Subjekt und Prädikat.

8 Schreibe den Satz ab. Trenne die Satzglieder mit Strichen.

Max und Moritz schleichen am Abend in die Backstube.

▶ Rechtschreibstrategien und Arbeitstechniken anwenden
▶ Lernprozesse reflektieren
▶ Lösungen S. 162   ▶ Arbeitsheft: S. 73

Was kann ich nun?

Im Jahreskreis

Jahreszeiten

1 Setzt beim Lesen die richtigen Adjektive ein.

A Im Winter ist es am [   ].
Die Sonne steht tief am Himmel,
und die Tage sind [   ].
Es kann Schnee fallen,
und auf Pfützen bildet sich Eis.

B Im Frühling werden die Tage
[   ] und wärmer.
Die Nächte sind noch kühl.
Das Wetter kann
sehr [   ] sein.

C Im Sommer gibt es
die [   ] Temperaturen.
Die Sonne steht
hoch am Himmel.
Häufig gibt es [   ] Gewitter.

D Im Herbst werden
die Tage [   ]
und die Nächte [   ].
Es wird [   ],
und oft gibt es Nebel.

unbeständig	länger	kürzer	kälter	länger
höchsten	kurz	kältesten	heftige	

2 Welcher Text gehört zu welchem Bild?

3 Schreibe über deine Lieblingsjahreszeit.

▸ Wortarten kennen: Adjektive
▸ Bilder und Texte zuordnen
▸ für sich und andere schreiben
▸ Sprache untersuchen
  S. 40, 41
▸ Texte verfassen S. 130
▸ Arbeitsheft: S. 26, 27
▸ Fö/Fo: S. 50 / Nr. 95
▸ AH inklusiv: S. 55

4 Lies die Fragen und beantworte sie.
Die Texte zu den Bildern auf Seite 134 können dir helfen.
Du kannst auch in einem Kalender, im Lexikon oder
im Internet nachschauen.

    a. In welcher Jahreszeit gibt es die meisten Gewitter?
    b. In welcher Jahreszeit ist das Wetter am unbeständigsten?
    c. In welcher Jahreszeit steht die Sonne am tiefsten?
    d. Wann kann man am besten draußen baden?
    e. In welcher Jahreszeit verfärben sich die Blätter?
    f. Welcher Monat hat die wenigsten Tage?
    g. In welcher Jahreszeit ist Weihnachten?
    h. In welcher Jahreszeit sind die großen Ferien?

5 Schreibe die Antworten in ganzen Sätzen auf:

    a. Im Sommer gibt es …

6 Vielleicht weißt du noch mehr über die Jahreszeiten?
Schreibe einige Fragen für die anderen Kinder auf.

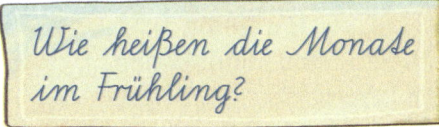

Wie heißen die Monate im Frühling?

7 Schreibe die Wörter aus dem Kasten auf Wortkarten.
Ordne sie den Jahreszeiten zu.

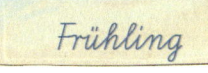 *Frühling*   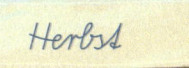 *Sommer*   *Herbst*   *Winter*

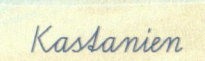 *Kastanien*

Kastanien	Weihnachten	Eicheln	Fasching	Schlitten	Ostern
Knospen	Mai	Martinsumzug	Aprilwetter	Halloween	
Schneemann	Juli	Hitze	Badesee	Sonnenschirm	

8 Sammelt gemeinsam weitere Wörter zu den Jahreszeiten
und ordnet sie zu.

▶ Fragen stellen, Antworten geben
▶ Medien nutzen
▶ mithilfe von Wortkarten strukturiert berichten

135

Frühlingstexte

1 Lest die Frühlingstexte, die die Kinder der Klasse 3a geschrieben haben.

Frühling ist da
Die Osterglocken leuchten wie Gold.
Der Blumenduft ist wunderbar.
Die Frühlingssonne wärmt uns.
Sie scheint so hell.
Vögel singen im Garten.
Ostereier werden bunt bemalt.
Herrlich!   Laura

Frühling
Ich laufe durch den Wald.
Da sehe ich, wie die Bäume blühen.
Und das Gras ist grün geworden.
Die Blumen sind ganz bunt.
Schmetterlinge fliegen über die Wiese.
Die Vögel fangen an zu zwitschern.
Leon

Der Frühling
Die Mücken tanzen in der Luft.
Bienen summen und sammeln Nektar.
Die Vögel bauen schon ihre Nester,
damit sie Eier legen können.
Im Frühling zwitschern die Vögel wieder.
Der Regen plätschert durch die Rinne.
Moritz

„... plätschert durch die Rinne ...", das klingt schön.

2 Suche Textstellen heraus, die dir gut gefallen.
Schreibe sie auf Zettel.

3 Schreibe einen eigenen Frühlingstext.
Die Textstellen auf deinen Zetteln kannst du benutzen.

4 Überarbeitet zu zweit eure Texte.
Benutzt dazu die Textlupen.

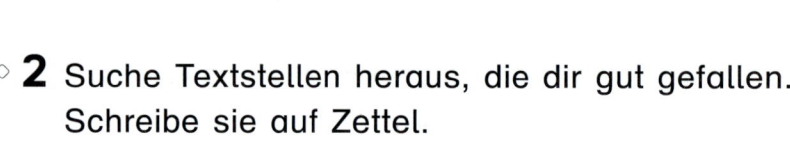

5 Lest euch eure Frühlingstexte vor.

136

▸ Texte planen, überarbeiten und verfassen
▸ für sich und andere schreiben

▸ Texte verfassen S. 22

▸ Arbeitsheft: S. 15, 16
▸ Forderkartei: Nr. 39–42

Eine Frühlingskarte basteln

Du brauchst dazu:
- ein grünes Blatt Papier, DIN A4
- Schere
- Stifte
- Material zum Bekleben: getrocknete Blüten, Aufkleber, Knöpfe …

So geht es:

1. Lege das Blatt im Hochformat vor dich auf den Tisch.

2. Falte die untere Kante des Papiers etwa 6 Zentimeter nach oben.

3. Drehe das Blatt um und falte es in der Mitte.

4. Schneide das Papier auf der kurzen Seite so ein, dass kleine Grasbüschel und Halme entstehen. Achte darauf, nicht über die Faltlinie zu schneiden.

5. Nun kannst du Blumen oder auch Tiere auf deine Wiese zeichnen oder kleben.

6. Schreibe in deine Karte Frühlingsgrüße oder ein Gedicht.

▸ mit Texten arbeiten: Bastelanleitung   ▸ Früher und heute S. 94   ▸ Arbeitsheft: S. 52
▸ Fö/Fo: S. 24, 25 / Nr. 55, 56
▸ AH inklusiv Nr. 34

Ein Sommerfest

Die Kinder der Klasse 3a bereiten ein Sommerfest für ihre Klasse vor.
Es soll viele Spiele geben und alle sollen Spaß haben.

1 Wenn ihr ein Sommerfest plant, überlegt gemeinsam und sammelt Vorschläge:
- Was wollen wir machen?
- Wer ist für was verantwortlich?
- Wen wollen wir einladen?
- ...

2 Wenn alles vorbereitet ist, müssen noch die Einladungen geschrieben werden.
Beantwortet dazu gemeinsam diese Fragen:
- Welches Fest findet statt?
- Wann beginnt das Fest?
- Wer lädt ein?
- Was wird angeboten?
- Wann ist es zu Ende?
- Wo findet es statt?

3 Schreibt nun Einladungskarten.
Auf Seite 137 findet ihr eine Bastelidee dafür.

▸ Vorhaben diskutieren
▸ mithilfe von Wortkarten planen
▸ adressatengerecht schreiben
▸ Texte verfassen S. 94
▸ Lernen lernen S. 15, 33
▸ Arbeitsheft: S. 52
▸ Fö/Fo: S. 24, 25 / Nr. 55, 56
▸ AH inklusiv Nr. 34

Sommergeschichten weiterschreiben

1 Suche dir einen Geschichtenanfang aus und schreibe ihn ab.
Schreibe die Geschichte dann zu Ende.

Heute Morgen bin ich sehr früh aufgewacht.
Ich hörte ein gleichmäßiges Rauschen. …

Gestern bauten wir am Strand eine Burg.
Dabei entdeckten wir eine alte Flaschenpost. …

Letzte Woche feierten wir Geburtstag
im Zoo. Vor dem Affenhaus …

2 Überlege dir eine Überschrift für deine Geschichte.

- Schreibanlässe kennen und nutzen
- Schreibprozesse planen: Überschrift

▶ Texte verfassen S. 130

▶ Arbeitsheft: S. 70, 71
▶ Forderkartei: Nr. 37, 38

Kartoffelernte im Herbst

○ **1** Lies den Sachtext über die Kartoffeln.

Kartoffeln

Jedes Jahr im Herbst werden bei uns Kartoffeln geerntet.
Schon die Indianer hatten sie vor 2000 Jahren angepflanzt
und gegessen. Vor rund 500 Jahren brachten spanische Schiffe
die Kartoffeln nach Europa. In Deutschland konnten sich
die Menschen jedoch nicht vorstellen, dass die schmutzigen
Knollen aus der Erde genießbar oder sogar gesund sein sollten.
Erst 200 Jahre später gelang es König Friedrich dem Großen,
seine Untertanen zu überlisten. Er verkündete: „Die Erdäpfel sind
für die königliche Tafel bestimmt!" Die Menschen wurden
neugierig. Bald darauf wurden die Knollen von seinem Acker
gestohlen. Alle waren begeistert von dem königlichen Geschmack.
Heute werden in ganz Europa viele verschiedene Kartoffelsorten
angebaut. Wir essen Kartoffeln gern als Kartoffelbrei,
Kartoffelchips, Pommes frites …

2 Denke dir Fragen zum Text aus und schreibe sie auf Zettel.
So können deine Fragen beginnen:

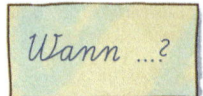 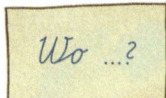 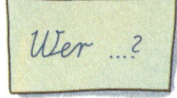  

3 Die anderen Kinder sollen die Fragen beantworten.

▸ Fragen stellen, Antworten geben   ▸ Lernen lernen S. 122   ▸ Arbeitsheft: S. 62, 63
▸ mithilfe von Wortkarten strukturiert
  berichten

Rund um die Kartoffel

○ **1** Lest euch die Wörter gegenseitig vor.

Kartoffel	**aardappel**	**patata**
deutsch	*holländisch*	*italienisch*
Erdbirne, Erdapfel,	**batata**	*und spanisch*
Krumbeere	*portugiesisch*	**pommes de terre**
deutsche Mundart	**běrna**	*französisch*
Nudeln	*sorbisch*	**potato**
uckermärkisch	**kartofler**	*englisch*
Tüffel	*dänisch*	**patates**
niederdeutsch		*türkisch*

2 Kennst du noch andere Bezeichnungen
für das Wort **Kartoffel**?
Frage Kinder aus deiner Klasse und Schule,
die eine andere Sprache sprechen.

3 Schreibe Wörter, die ähnlich sind, so auf:

a. patata, potato, ...
b. Kartoffel, ...
c. Erdapfel, ...

4 Schreibe zusammengesetzte Nomen (Substantive)
mit Artikel in dein Heft:

die Bratkartoffel, der Kartoffelsalat, ...

Brat-	Ofen-		-salat	-brei
Saat-	Salz-		-chips	-mehl
Früh-	Pell-		-suppe	-schale

5 Schreibe einige Sätze mit den Kartoffelwörtern.

▸ Gemeinsamkeiten und Unterschiede   ▸ Sprache untersuchen S. 57   ▸ Arbeitsheft: S. 34
   von Sprachen entdecken   ▸ Förderheft: S. 46
▸ Wörter bilden

Ein Winterbild

Gabriele Münter:
Frühstück der Vögel,
1934

○ **1** Das Bild heißt **Frühstück der Vögel**.
Seht euch das Bild an und sprecht darüber.

◇◇◇ **2** Stell dir vor, du bist die Frau im Bild.

Ich frühstücke und sehe dabei aus dem Fenster.
Plötzlich entdecke ich auf einem Ast einen Vogel.
Er guckt so merkwürdig …

◇◇◇ **3** Stell dir nun vor, du bist der Vogel im Bild.

Ich hocke auf diesem Ast,
und die Frau sitzt im warmen Zimmer.
Mir ist so kalt. …

◇◇◇ **4** Suche dir einen Geschichtenanfang aus und schreibe ihn ab.
Schreibe deine Geschichte dazu.

◇ **5** Ergänze eine Überschrift zu deiner Geschichte.

○ **6** Lest euch eure Geschichten vor.

▸ Schreibanlässe kennen und
nutzen
▸ Schreibprozesse planen: Überschrift
▸ Texte verfassen S. 130
▸ Arbeitsheft: S. 70
▸ Forderkartei: Nr. 37, 38

Winterrezepte

○ **1** Lest das Bratäpfel-Rezept.

Bratäpfel

Zuletzt kannst du Vanillesoße über die Äpfel gießen.
Wenn die Haut rissig wird, sind die Äpfel gar.
Gib vor dem Backen ein Butterflöckchen auf jeden Apfel.
Zuerst höhlst du die Äpfel aus.
Jetzt musst du sie bei 200 Grad 20 bis 30 Minuten backen.
Fülle sie anschließend mit Rosinen, Nüssen und Honig.

◌ **2** Im Bratäpfel-Rezept sind die Sätze durcheinandergeraten.
Schreibt die Sätze auf Zettel.
Bringt sie in die richtige Reihenfolge.
Dann wisst ihr, wie Bratäpfel
zubereitet werden.

Zutaten für vier Personen:
4 Äpfel
4 Teelöffel (TL) Butter
4 TL Rosinen
4 TL gemahlene Nüsse
4 TL Honig
1/2 Liter Vanillesoße

○ **3** Schreibe das Rezept richtig auf.

○ **4** Lies nun das Winterpunschrezept.

Winterpunsch

Wenn es richtig kalt ist, schmeckt auch ein Punsch.
Das ist ein heißes Mischgetränk.
Du brauchst für vier Personen:

1 ungespritzte Orange	1 Stück Zimtstange
1/2 Liter roter Früchtetee	1 Gewürznelke
1/2 Liter Kirschsaft	etwas Honig

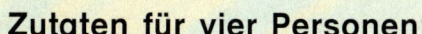

◌ **5** Schreibe auf, wie du den Punsch zubereiten kannst.
Die Bilder helfen dir. Schreibe so: *Zuerst schäle ich …*

◌ **6** Sucht noch weitere Winterrezepte, die ihr ausprobieren wollt.
• Stellt sie in der Klasse vor.
• Schreibt einen Einkaufszettel für ein Rezept.
• Erklärt oder schreibt auf, wie das Getränk oder
Gericht zubereitet wird.

▸ mit Texten arbeiten: Rezept   ▸ Texte verfassen S. 109   ▸ Arbeitsheft: S. 59, 60
▸ Forderkartei: Nr. 57, 58
▸ AH inklusiv: S. 39

Wörterverzeichnis

A a

ab
abbauen
baut ab
abbiegen
biegt ab, bog ab,
hat abgebogen,
auch: ist abgebogen
abbrechen
bricht ab, brach ab,
hat abgebrochen
der Abend
die Abende
abends
das Abenteuer
die Abenteuer
aber
ablecken
leckt ab
abmalen
abmessen
misst ab, maß ab,
hat abgemessen
abschmecken
schmeckt ab
abzahlen
zahlt ab
abzählen
zählt ab
acht
der Affe
die Affen
ähnlich
der Alarm
alle
allein
als
also
alt
älter, am ältesten
andere
anders

anfangen
fängt an, fing an,
hat angefangen
anfeuern
feuert an
die Angst
die Ängste
ängstigen
ängstigt sich
ängstlich
anzünden
zündet an
die Apfelsine
die Apfelsinen
der April
die Arbeit
die Arbeiten
der Ärger
ärgerlich
ärgern
ärgert sich
arm
ärmer, am ärmsten
der Arm
die Arme
der Ärmel
die Ärmel
der Armreifen
die Art
die Arten
der Arzt
die Ärzte
die Ärztin
die Ärztinnen
der Ast
die Äste
auch
auf
aufdecken
deckt auf
auf einmal
aufessen
isst auf, aß auf,
hat aufgegessen

auffallen
fällt auf, fiel auf,
ist aufgefallen
auffangen
fängt auf, fing auf,
hat aufgefangen
auffassen
fasst auf
auffinden
findet auf, fand auf,
hat aufgefunden
aufgehen
geht auf, ging auf,
ist aufgegangen
aufklären
klärt auf
aufmalen
malt auf
aufräumen
räumt auf
aufwecken
weckt auf
aufzählen
zählt auf
das Auge
die Augen
der August
aus
der Ausgang
die Ausgänge
ausleihen
leiht aus, lieh aus,
hat ausgeliehen
auspacken
packt aus
ausrollen
rollt aus
außen
außer
außerdem
ausstechen
sticht aus,
stach aus,
hat ausgestochen

144

das **Auto**
die Autos
der **Autor**
die Autoren
die **Autorin**
die Autorinnen

B b

das **Baby**
die Babys
backen
backt
der **Bäcker**
die Bäcker
das **Bad**
die Bäder
baden
badet
die **Bahn**
die Bahnen
bald
der **Ball**
die Bälle
der **Ballon**
die Ballone
die Ballons
das **Band**
die Bänder
die **Bank**
die Bänke
der **Bär**
die Bären
der **Bart**
die Bärte
der **Bauch**
die Bäuche
der **Bauer**
die Bauern
die **Bäuerin**
die Bäuerinnen
auch: die Bäuerin,
die Bäuerinnen
der **Baum**
die Bäume
beantworten
beantwortet

beginnen
beginnt, begann,
hat begonnen
begrüßen
begrüßt
beide
das **Bein**
die Beine
das **Beispiel**
die Beispiele
beißen
beißt, biss,
hat gebissen
bekommen
bekommt, bekam,
hat bekommen
bemalen
bemalt
bemitleiden
bemitleidet
beobachten
beobachtet
bequem
bereits
der **Berg**
die Berge
bergig
der **Bericht**
die Berichte
der **Beruf**
die Berufe
besonders
bestimmen
bestimmt
bestimmt
besuchen
besucht
das **Bett**
die Betten
bevor
bezahlen
bezahlt
die **Bibel**
die Bibeln
der **Biber**
die Biber

biegen
biegt, bog,
hat gebogen
die **Biene**
die Bienen
das **Bild**
die Bilder
binden
bindet, band,
hat gebunden
bis
der **Biss**
bisschen
bissig
die **Bitte**
die Bitten
bitte
bitten
bittet, bat,
hat gebeten
das **Blatt**
die Blätter
blau
bleiben
bleibt, blieb,
ist geblieben
blicken
blickt
blind
der **Blinde**
die Blinden
der **Blitz**
die Blitze
blitzen
blitzt
der **Block**
die Blöcke
blond
bloß
blühen
blüht
die **Blume**
die Blumen
das **Blut**
blutig

der **Bogen**
die Bögen
die **Bohne**
die Bohnen
bohren
bohrt
das **Boot**
die Boote
böse
boxen
boxt
der **Brand**
die Brände
die **Braue**
die Brauen
braun
brennen
brennt, brannte,
hat gebrannt
brav
der **Brief**
die Briefe
die **Brille**
die Brillen
bringen
bringt, brachte,
hat gebracht
die **Brise**
das **Brot**
die Brote
die **Brücke**
die Brücken
der **Bruder**
die Brüder
brummen
brummt
das **Buch**
die Bücher
bunt
die **Burg**
die Burgen
der **Bus**
die Busse
die **Butter**

C c

der **Clown**
die Clowns
der **Computer**
die Computer
die **Cornflakes**

D d

da
dabei
das **Dach**
die Dächer
dafür
dagegen
damals
die **Dame**
die Damen
damit
der **Damm**
die Dämme
danach
dann
der **Daumen**
die Daumen
davon
davor
dazu
die **Decke**
die Decken
dein
der **Delfin**
die Delfine
denn
deshalb
deutlich
der **Dezember**
dich
dick, dicker,
am dicksten
der **Dieb**
die Diebe
der **Dienstag**
dir
der **Donner**
die Donner

donnern
donnert
der **Donnerstag**
doof
dort
der **Draht**
die Drähte
draußen
der **Dreck**
dreckig, dreckiger,
am dreckigsten
drehen
dreht
drinnen
drücken
drückt
dumm
dunkel, dunkler,
am dunkelsten
dünn, dünner,
am dünnsten
durch
dürfen
darf, durfte,
hat gedurft
der **Dust**
durstig

E e

echt
die **Ecke**
die Ecken
eckig
egal
ehrlich
eigentlich
ein
einfach
einige
einpacken
packt ein
einräumen
räumt ein
eins
die **Einsamkeit**

einsinken
sinkt ein, sank ein,
ist eingesunken
das **Eis**
eisig
der **Ellenbogen**
die **Eltern**
emfinden
empfindet, empfand,
hat empfunden
das **Ende**
die Enden
endlich
eng, enger,
am engsten
der **Engel**
die Engel
entdecken
entdeckt
die **Ente**
die Enten
entfernen
entfernt
entführen
entführt
entgegen
entlang
entstehen
entsteht, entstand,
ist entstanden
enttäuschen
enttäuscht
entweder
entwickeln
entwickelt
die **Erdbeere**
die Erdbeeren
ernten
erntet
erschrecken
erschreckt sich,
erschreckte sich,
hat sich erschrocken
auch: erschreckt,
erschrak,
ist erschrocken

erst
erwarten
erwartet
erzählen
erzählt
essen
isst, aß,
hat gegessen
das **Essen**
etwas
euch

F f

fahren
fährt, fuhr,
ist gefahren
der **Fahrer**
die Fahrer
das **Fahrrad**
der **Fall**
die Fälle
fallen
fällt, fiel, ist gefallen
falsch
fangen
fängt, fing,
hat gefangen
fassen
fasst
der **Februar**
auch: der Februar
die **Fee**
die Feen
der **Fehler**
die Fehler
die **Feier**
die Feiern
feierlich
der **Feind**
die Feinde
feindlich
das **Feld**
die Felder
das **Fenster**
die Fenster
die **Ferien**

die **Fernseher**
die Fernseher
fertig
das **Fest**
die Feste
fett
das **Fett**
die Fette
fettig
feucht
das **Feuer**
die Feuer
die **Feuerwehr**
die Feuerwehren
die **Fichte**
finden
findet, fand,
hat gefunden
der **Finger**
die Finger
der **Fisch**
die Fische
die **Flamme**
die Flammen
flattern
flattert
der **Fleiß**
fleißig
fliegen
fliegt, flog,
ist geflogen
fließen
fließt, floss,
ist geflossen
flink, flinker,
am flinksten
die **Flocke**
die Flocken
das **Floß**
die Flöße
das **Flugzeug**
die Flugzeuge
der **Fluss**
die Flüsse
das **Fohlen**
die Fohlen

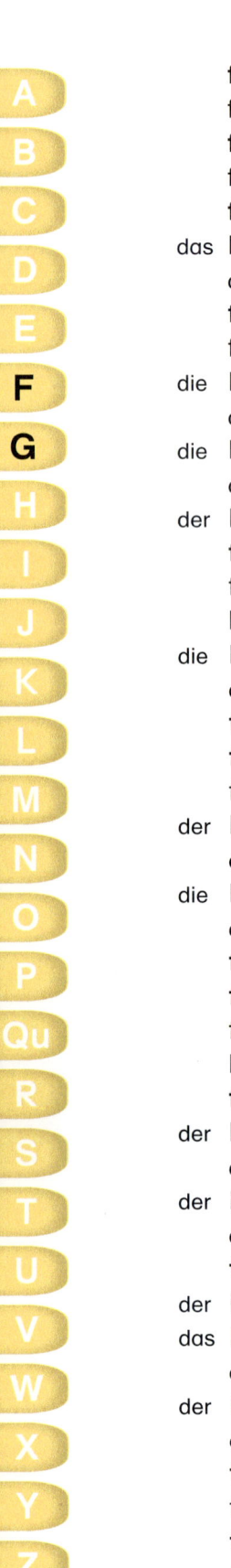

föhnen
föhnt
folgen
folgt
fort
das Foto
die Fotos
fragen
fragt
die Fratze
die Fratzen
die Frau
die Frauen
der Freitag
fressen
frisst, fraß,
hat gefressen
die Freude
die Freuden
freudig
freuen
freut sich
der Freund
die Freunde
die Freundin
die Freundinnen
freundlich
frieren
friert, fror,
hat gefroren
fröhlich
der Frosch
die Frösche
der Frost
die Fröste
früher
der Frühling
das Frühstück
die Frühstücke
der Fuchs
die Füchse
fühlen
fühlt
führen
führt
die Furcht

der Fuß
die Füße
das Futter

G g

die Gabel
die Gabeln
der Gang
die Gänge
die Gans
die Gänse
ganz
die Gardine
die Gardinen
der Garten
die Gärten
das Gebäude
die Gebäude
geben
gibt, gab,
hat gegeben
der Geburtstag
gefährlich
geheim
das Geheimnis
die Geheimnisse
gehen
geht, ging,
ist gegangen
der Geiz
geizig
gelb
das Gelenk
die Gelenke
genau
genug
gerade
gerecht
gern
lieber, am liebsten
die Gerste
das Geschäft
die Geschäfte
geschehen
geschieht, geschah,
ist geschehen

das Geschenk
die Geschenke
das Gespräch
die Gespräche
gestern
gestreift
das Getränk
die Getränke
das Getreide
gewinnen
gewinnt, gewann,
hat gewonnen
das Gewitter
gießen
gießt, goss,
hat gegossen
das Gift
giftig
die Giraffe
die Giraffen
das Glas
die Gläser
glatt
die Glatze
die Glatzen
glauben
glaubt
gleich
die Glocke
die Glocken
das Glöckchen
das Glück
glücklich
der Gott
die Götter
graben
gräbt, grub,
hat gegraben
grau
der Graupel
groß
größer, am größten
grün
der Gruß
die Grüße

gut
besser, am besten

H h

das **Haar**
  die Haare
haben
hat, hatte,
hat gehabt
hacken
hackt
der **Hafer**
der **Hagel**
der **Hahn**
  die Hähne
halten
hält, hielt,
hat gehalten
die **Hand**
  die Hände
der **Hang**
  die Hänge
hängen
hängt, hing,
hat gehangen
der **Hase**
  die Hasen
der **Haufen**
häufig
das **Haus**
  die Häuser
heben
hebt, hob,
hat gehoben
heiß
heißen
heißt, hieß,
hat geheißen
der **Held**
  die Helden
helfen
hilft, half,
hat geholfen
hell
der **Hengst**
  die Hengste

her
herauf
  auch: herauf
heraufholen
holt herauf
heraus
  auch: heraus
der **Herbst**
der **Herd**
  die Herde
der **Herr**
  die Herren
herstellen
stellt her
herum
  auch: herum
herunter
  auch: herunter
hervor
das **Herz**
herzlich
heute
hier
hin
hinaus
  auch: hinaus
hinein
  auch: hinein
hineinbeißen
beißt hinein,
biss hinein,
hat hineingebissen
hinstellen
stellt hin
hinten
hinter
hinterher
die **Hitze**
hoch
höher, am höchsten
der **Hof**
  die Höfe
hoffen
hofft
die **Höhle**
  die Höhlen

holen
holt
holprig
das **Holz**
  die Hölzer
hören
hört
die **Hose**
  die Hosen
das **Huhn**
  die Hühner
die **Hummel**
  die Hummeln
der **Hund**
  die Hunde
der **Hunger**
hungrig
die **Hupe**
hüpfen
hüpft
der **Hut**
  die Hüte
die **Hütte**
  die Hütten

I i

die **Idee**
  die Ideen
der **Igel**
  die Igel
ihm
ihn
ihr
ihren
im
immer
der **Inhalt**
  die Inhalte
innen
interessant
das **Interesse**
irgendeiner
irgendetwas
irgendwie
irgendwo

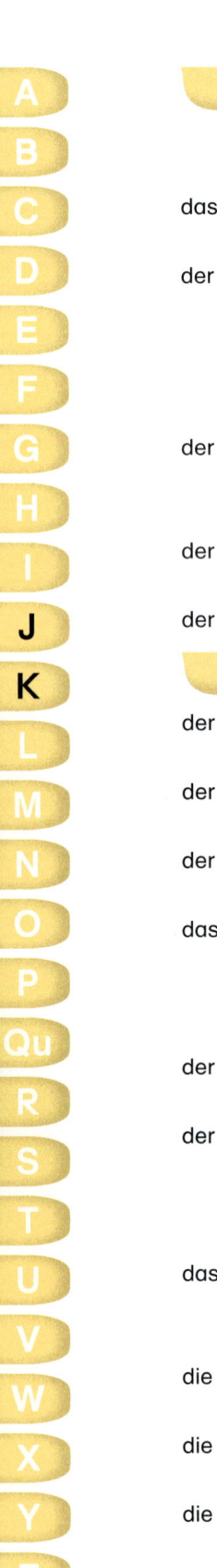

A
B
C
D
E
F
G
H
I
J
K
L
M
N
O
P
Qu
R
S
T
U
V
W
X
Y
Z

J j

jagen
jagt
das **Jahr**
die Jahre
der **Januar**
jede
jedenfalls
jemand
jetzt
der **Ju**li
jung
jünger, am jüngsten
der **Junge**
die Jungen
der **Juni**

K k

der **Kä**fer
die Käfer
der **Kä**fig
die Käfige
der **Kahn**
die Kähne
das **Kalb**
die Kälber
kalt
kälter, am kältesten
der **Kamin**
die Kamine
der **Kamm**
die Kämme
kämmen
kämmt
das **Ka**pitel
die Kapitel
kaputt
die **Kar**te
die Karten
die **Kar**toffel
die Kartoffeln
die **Kas**se
die Kassen
der **Ka**ter
die Kater

die **Katze**
die Katzen
kaum
kein
der **Kel**ler
die Keller
kennen
kennt, kannte,
hat gekannt
die **Ker**ze
die Kerzen
die **Kie**fer
die Kiefern
das **Kind**
die Kinder
das **Kinn**
die Kinne
das **Ki**no
die Kinos
kippen
kippt
der **Klang**
die Klänge
klären
klärt
die **Klas**se
die Klassen
das **Kla**vier
das **Kleid**
die Kleider
klein, kleiner,
am kleinsten
klettern
klettert
die **Klin**gel
klingen
klingt, klang,
hat geklungen
der **Kloß**
die Klöße
klug
der **Knall**
knallen
knallt
kneten
knetet

das **Knie**
die Knie
der **Kohl**
kommen
kommt, kam,
ist gekommen
der **Kompass**
die Kompasse
können
kann, konnte,
hat gekonnt
der **Korb**
die Körbe
das **Korn**
die Körner
krabbeln
krabbelt
die **Kraft**
kräftig, kräftiger,
am kräftigsten
krank
kratzen
kratzt
die **Kreuzspin**ne
kriechen
kriecht, kroch,
ist gekrochen
kriegen
kriegt
der **Kri**mi
die Krimis
kritzeln
kritzelt
das **Kro**kodil
die Krokodile
der **Krug**
die Krüge
die **Kuh**
die Kühe
kühl
der **Kum**mer
kurz, kürzer,
am kürzesten
küssen
küsst

L l

lächeln
lächelt
laden
lädt, lud,
hat geladen
lahm
das Lamm
die Lämmer
das Land
die Länder
der Landwirt
die Landwirte
lang
länger, am längsten
die Langeweile
langsam
lassen
lässt, ließ,
hat gelassen
das Laub
laufen
läuft, lief,
ist gelaufen
der Läufer
die Läufer
die Laus
die Läuse
laut
der Laut
die Laute
die Lawine
die Lawinen
leben
lebt
leer
lehren
lehrt
der Lehrer
die Lehrer
die Lehrerin
die Lehrerinnen
leise, leiser,
am leisesten
das Lernspiel

lesen
liest, las,
hat gelesen
letzte
leuchten
leuchtet
das Lexikon
die Lexika
das Licht
die Lichter
lieb
lieber, am liebsten
die Liebe
lieben
liebt
das Lied
die Lieder
liegen
liegt, lag,
hat gelegen
lila
links
die Lippe
die Lippen
loben
lobt
die Locke
die Locken
lockig
der Löffel
die Löffel
los
löschen
löscht
lügen
lügt, log,
hat gelogen
die Lust
lustig

M m

machen
macht
das Mädchen
die Mädchen

der Mähdrescher
die Mähdrescher
mähen
mäht
der Mai
manche
manchmal
die Mandarine
die Mandarinen
der Mann
die Männer
der Mantel
die Mäntel
die Margarine
der Marienkäfer
der März
die Maschine
die Maschinen
der Maulwurf
die Maulwürfe
die Maus
die Mäuse
das Medium
die Medien
das Meer
die Meere
das Mehl
mehr
mein
meisten
meistens
der Meister
die Meister
die Meisterin
die Meisterinnen
messen
misst, maß,
hat gemessen
das Messer
die Messer
mich
mir
mischen
mischt
mit

A
B
C
D
E
F
G
H
I
J
K
L
M
N
O
P
Qu
R
S
T
U
V
W
X
Y
Z

das **Mitleid**
mitleidig
der **Mittag**
mittags
der **Mittwoch**
mixen
mixt
der **Mond**
die Monde
der **Montag**
das **Moos**
die Moose
morgen
der **Morgen**
morgens
die **Mühle**
die Mühlen
der **Mund**
die Münder
die **Musik**
das **Müsli**
die Müslis
müssen
muss
der **Mut**
mutig
die **Mutter**
die Mütter
die **Mütze**
die Mützen

N n

nachdenken
denkt nach,
dachte nach,
hat nachgedacht
der **Nachmittag**
nachmittags
die **Nacht**
die Nächte
nachts
die **Naht**
die Nähte
nähen
näht

der **Name**
die Namen
naschen
nascht
nass
natürlich
neben
nebenan
nehmen
nimmt, nahm,
hat genommen
neun
nicht
nichts
nie
niemals
die **Niete**
die Nieten
das **Nilpferd**
noch
die **Not**
die Nöte
der **November**
nur
die **Nuss**
die Nüsse
nutzen
nutzt

O o

oben
der **Ochse**
die Ochsen
oder
der **Ofen**
die Öfen
offen
ohne
das **Ohr**
die Ohren
der **Oktober**
die **Oma**
die Omas
der **Opa**
die Opas

ordentlich
der **Orkan**
der **Ort**
die Orte

P p

paar
das **Paar**
die Paare
packen
packt
das **Paket**
die Pakete
der **Park**
die Parks
der **Pass**
die Pässe
passen
passt
petzen
petzt
das **Pferd**
die Pferde
die **Pflanze**
die Pflanzen
pflücken
pflückt
die **Pfütze**
die Pfützen
picken
pickt
plätschern
plätschert
der **Platz**
die Plätze
platzen
platzt
plötzlich
die **Praline**
die Pralinen
die **Probe**
die Proben
die **Puppe**
die Puppen
putzen
putzt

Qu qu

die **Qual**
   die Qualen
   quälen
   quält

R r

das **Rad**
   die Räder
das **Radio**
   die Radios
der **Rahm**
der **Rahmen**
   die Rahmen
der **Rand**
   die Ränder
der **Rat**
   raten
   rät, riet,
   hat geraten
der **Raub**
   rauben
   raubt
die **Ratte**
   die Ratten
   rauchen
   raucht
der **Raum**
   die Räume
   raus
   rauschen
   rauscht
   rechts
   reden
   redet
der **Regen**
   rein
   reißen
   reißt, riss,
   ist gerissen
   reiten
   reitet, ritt,
   ist geritten

   rennen
   rennt, rannte,
   ist gerannt
   retten
   rettet
das **Rezept**
   die Rezepte
   richtig
   riechen
   riecht, roch,
   hat gerochen
der **Riese**
   die Riesen
das **Rind**
   die Rinder
der **Ring**
   die Ringe
der **Riss**
   die Risse
der **Roggen**
das **Rohr**
   die Rohre
   rollen
   rollt
der **Rollstuhl**
   rosa
   rot
   rufen
   ruft, rief,
   hat gerufen
die **Ruhe**
   ruhig
   rühren
   rührt
   rund
die **Rutsche**
   die Rutschen

S s

das **Sachbuch**
   die Sachbücher
   sagen
   sagt
der **Samen**
   die Samen

   sammeln
   sammelt
der **Samstag**
der **Sattel**
   die Sättel
der **Satz**
   die Sätze
die **Sau**
   die Säue
   sauer
   saufen
   säuft, soff,
   hat gesoffen
   saugen
   saugt
der **Schaden**
   die Schäden
das **Schaf**
   die Schafe
   schaffen
   schafft, schuf
   auch: schaffte,
   hat geschafft
   schälen
   schält
der **Schatten**
   die Schatten
der **Schatz**
   die Schätze
   schauen
   schaut
der **Schauer**
der **Schaum**
   schäumen
   schäumt
   schicken
   schickt
   schieben
   schiebt, schob,
   hat geschoben
   schief
   schießen
   schießt, schoss,
   hat geschossen
   schimpfen
   schimpft

schlafen
schläft, schlief
hat geschlafen
schlagen
schlägt, schlug,
hat geschlagen
die **Schlange**
die Schlangen
schlecht
schließen
schließt, schloss,
hat geschlossen
schlimm
das **Schloss**
die Schlösser
der **Schlüssel**
die Schlüssel
schmecken
schmeckt
schmeißen
schmeißt, schmiss,
hat geschmissen
der **Schmerz**
schmerzhaft
der **Schmetterling**
die Schmetterlinge
der **Schmutz**
schmutzig
schmutziger,
am schmutzigsten
die **Schnecke**
die Schnecken
der **Schnee**
schneiden
schneidet, schnitt,
hat geschnitten
schon
schön
der **Schoß**
die Schöße
der **Schrank**
die Schränke
der **Schreck**
schrecklich

schreiben
schreibt, schrieb,
hat geschrieben
der **Schuh**
die Schuhe
die **Schüssel**
die Schüsseln
schütteln
schüttelt
schützen
schützt
schwarz
schweigen
schweigt
das **Schwein**
die Schweine
schwer, schwerer,
am schwersten
die **Schwester**
die Schwestern
schwierig
schwieriger,
am schwierigsten
schwimmen
schwimmt,
schwamm,
ist geschwommen
schwindeln
schwindelt
schwitzen
schwitzt
sechs
der **See**
die Seen
sehen
sieht, sah,
hat gesehen
sehr
sein
ich bin, du bist,
er ist, wir sind,
ihr seid, wir sind,
war, ist gewesen
selber
selbst

selten
der **September**
setzen
setzt sich
das **Sieb**
die Siebe
sieben
siegen
siegt
singen
singt, sang,
hat gesungen
sitzen
sitzt, saß,
hat gesessen
der **Ski**
die Skier
die **Socke**
die Socken
sogar
solche
sollen
soll
der **Sommer**
der **Sonnabend**
die **Sonne**
sonnig
der **Sonntag**
sonst
der **Spaß**
die Späße
spaßig
spät
das **Spiel**
die Spiele
spielen
spielt
die **Spinne**
die Spinnen
spinnen
spinnt, spann,
hat gesponnen
spitz
die **Spitze**
der **Sport**
sportlich

sprechen
spricht, sprach,
hat gesprochen
springen
springt, sprang,
ist gesprungen
spritzen
spritzt
spülen
spült
der **Stab**
die Stäbe
die **Stadt**
die Städte
stark, stärker,
am stärksten
starten
startet
der **Staub**
staubig
stechen
sticht, stach,
hat gestochen
stecken
steckt
stehen
steht, stand,
hat gestanden
auch: ist gestanden
stehlen
stiehlt, stahl,
hat gestohlen
der **Stein**
die Steine
steinig
die **Stelle**
die Stellen
stibitzen
stibitzt
der **Stiel**
die Stiele
stimmen
stimmt
der **Stift**
die Stifte

der **Stock**
die Stöcke
der **Stoff**
die Stoffe
stoßen
stößt, stieß,
hat gestoßen
die **Strafe**
die Strafen
strafen
straft
der **Strand**
die Strände
die **Straße**
die Straßen
der **Streit**
streiten
streitet, stritt,
hat gestritten
strömen
strömt
das **Stück**
die Stücke
der **Stuhl**
die Stühle
die **Stunde**
die Stunden
der **Sturm**
die Stürme
stürmisch
die **Stute**
die Stuten
stützen
stützt
summen
summt
die **Suppe**
die Suppen
süß
das **Symbol**
die Symbole

T t

der **Tag**
die Tage

die **Tanne**
die Tannen
der **Tanz**
die Tänze
tanzen
tanzt
die **Tasse**
die Tassen
tauchen
taucht
tausend
das **Taxi**
die Taxis
der **Tee**
die Tees
der **Teller**
die Teller
die **Temperatur**
der **Text**
die Texte
tief
das **Tier**
die Tiere
das **Tierheim**
der **Tiger**
die Tiger
tippen
tippt
der **Tisch**
die Tische
der **Tischler**
die Tischler
toben
tobt
der **Topf**
die Töpfe
das **Tor**
die Tore
tragen
trägt, trug,
hat getragen
die **Trauer**
trauern
trauert
der **Traum**
die Träume

träumen
träumt
traurig
treffen
trifft, traf,
hat getroffen
trennen
trennt sich
die Treppe
die Treppen
treu
trinken
trinkt, trank,
hat getrunken
trocken
die Trockenheit
trocknen
trocknet
tropfen
tropft
der Tropfen
die Tropfen
tun
tut, tat, hat getan
die Tür
die Türen

U u

über
überall
überqueren
überquert
um
umkehren
kehrt um
umstoßen
stößt um, stieß um,
hat umgestoßen
und
ungefähr
ungerecht
das Unglück
unglücklich
uns
unten
unter

der Unterricht
der Urlaub
die Urlaube

V v

die Vase
die Vasen
der Vater
die Väter
verbieten
verbietet
verbrennen
verbrennt, verbrannte,
ist verbrannt
verfolgen
verfolgt
vergessen
vergisst, vergaß,
hat vergessen
der Verkäufer
die Verkäufer
verletzen
verletzt
verliebt
verlieren
verliert, verlor,
hat verloren
vermalen
vermalt
verpacken
verpackt
verraten
verrät, verriet,
hat verraten
verrechnen
verrechnet
verreisen
verreist
verstecken
versteckt
verschmutzen
verschmutzt
verzählen
verzählt sich
verzieren
verziert

viel
vielleicht
vier
violett
der Vogel
die Vögel
voll
vom
von
vor
vorbei
die Vorfahrt
der Vorhang
die Vorhänge
vorher
die Vorhersage
vorlesen
liest vor, las vor,
hat vorgelesen
der Vormittag
vormittags
vorn
die Vorsicht
vorsichtig
vorsingen
singt vor, sang vor,
hat vorgesungen
vorstellen
stellt vor

W w

die Waage
die Waagen
wachsen
wächst, wuchs,
ist gewachsen
die Waffel
die Waffeln
die Wahl
die Wahlen
wählen
wählt
wahr
während
der Wald
die Wälder

die **Wand**

die Wände

wann

die **Wärme**

warten

wartet

warum

auch: warum

was

waschen

wäscht, wusch,

hat gewaschen

das **Wasser**

wechseln

wechselt

der **Wecker**

die Wecker

weg

der **Weg**

die Wege

wegschicken

schickt weg

wehren

wehrt sich

Weihnachten

weiß

weit

der **Weizen**

welche

der **Welpe**

die Welpen

wem

wen

wenig

wenn

werden

wird, wurde,

ist geworden

werfen

wirft, warf,

hat geworfen

das **Wetter**

wichtig

wie

wieder

wiegen

wiegt, wog,

hat gewogen

die **Wiese**

die Wiesen

wieviel

wild

der **Wind**

die Winde

der **Winter**

winterlich

winzig, winziger,

am winzigsten

wir

wissen

weiß, wusste,

hat gewusst

der **Witz**

die Witze

witzig

wo

wohl

wohnen

wohnt

die **Wohnung**

die Wohnungen

der **Wolf**

die Wölfe

die **Wolke**

die Wolken

wolkig

der **Wunsch**

die Wünsche

wünschen

wünscht

der **Wurm**

die Würmer

die **Wut**

Z z

zählen

zählt

zähmen

zähmt

der **Zahn**

die Zähne

der **Zaun**

die Zäune

zehn

zeigen

zeigt

die **Zeit**

die Zeiten

die **Zeitung**

die Zeitungen

zerdrücken

zerdrückt

der **Zettel**

die Zettel

die **Ziege**

die Ziegen

ziehen

zieht, zog,

hat gezogen

das **Ziel**

die Ziele

zielen

zielt

ziemlich

das **Zimmer**

der **Zoo**

der **Zorn**

zornig

zu Ende

zuerst

der **Zug**

die Züge

zu Hause

zuletzt

zünden

zündet

zurück

zusammen

zusammenlegen

legt zusammen

die **Zutat**

die Zutaten

zwar

zwei

der **Zwerg**

die Zwerge

zwölf

Lösungen: Was kann ich nun?

Hier kannst du vergleichen, ob du alles richtig gemacht hast.
Wenn du weiter üben möchtest,
schlage die Seiten mit dem Pfeil ▸ auf.

Lösungen zu Seite 25

1 – 2 Af-fe, Na-me, of-fen, schla-fen, Flam-me,
Sa-men, schaf-fen, Stra-fe, sam-meln

3 schmutzig, schrecklich, lustig, fleißig, ärgerlich

4 ruhig, fröhlich, traurig, gefährlich

5 glücklich, lustig, herzlich, zornig

6 – 7 Das Sportfest beginnt pünktlich.
Schnell laufen die Läufer an ihren Startplatz.
Als der Knall ertönt, flitzen alle los.

8 die Angst, der Schmerz, der Mut, der Spaß,
die Wut, das Unglück

Weiter üben

▸ Seite 17

▸ Seite 18

▸ Seite 18

▸ Seite 18

▸ Seite 19, 20

▸ Seite 21

Lösungen zu Seite 45

1 die fette Butter, der rote Sattel, das schlechte
Wetter, der kaputte Hut, das alte Bett, der bunte
Schmetterling

2 Das Kalb ist heute Nacht geboren. Hinter dem
Bauernhof ist ein großes Weizenfeld. Wir haben
heute einen großen Berg Kartoffeln geerntet.

3 lieb, kalt, wild, stark, blind, krank

4 lieb, lieber, am liebsten; stark, stärker, am
stärksten; groß, größer, am größten; gut, besser,
am besten

Weiter üben

▸ Seite 35

▸ Seite 36

▸ Seite 36

▸ Seite 41

▸ Lernergebnisse überprüfen

Lösungen zu Seite 45

5 Ich wohne auf einem Bauernhof. Wir beobachten die Tiere im Stall. Ihr helft bei der Ernte. Sie füttern das Pony.

6 die Körbe, die Kälber, die Käfige, die Maschinen, die Autos, die Bauern, die Fotos

7 mögliche Lösung: Fenster, Computer

Weiter üben

▸ Seite 38

▸ Seite 39

▸ Seite 39

Lösungen zu Seite 65

1 Wasserrutsche, Wintermantel, Sommerrodelbahn, Wettervorhersage, Wasserrad, Gewitterwolke

2 der Zoo, die Idee, die Waage, leer, die Erdbeere, doof, das Moos, die Haare

3 das glatte Eis, die warme Sonne, die stürmische Nacht, der kühle Tag, das schlechte Wetter, der blaue Himmel

4 – 5 der Schneemann, der Eisbär, der Regenschirm, der Sonnenhut

Weiter üben

▸ Seite 54

▸ Seite 55

▸ Seite 59

▸ Seite 57

Lösungen zu Seite 83

1 Im Herbst leuchten die Wälder in bunten Farben.
Die Bäume verlieren die Blätter.
Der Junge läuft den Weg entlang.
Sein Freund fährt mit dem Fahrrad.

2 pa-cken, drü-cken, er-schre-cken, bli-cken, auf-we-cken, ba-cken, ab-schme-cken

3 blitzen – sitzen, versetzen – verletzen, Hitze – Blitze, Fratzen – kratzen, Witz – spitz, putzig – schmutzig

Weiter üben

▸ Seite 72

▸ Seite 73

▸ Seite 73

▸ Lernergebnisse überprüfen

Lösungen zu Seite 83

4 Der Ring steckt am Finger.
In dem dunklen Gang habe ich Angst.
Der flinke Junge springt über die Bank.

5 auspacken – er packt aus, vorlesen – sie liest
vor, aufdecken – ihr deckt auf, heraufholen –
ich hole herauf, aufräumen – wir räumen auf,
wegschicken – sie schicken weg

6 Lina hörte Musik. Sie sang laut mit.
Lars fand im Internet Informationen
für seinen Vortrag.
Wichtige Stichpunkte schrieb er sich auf.
Leo las ein Buch. Dabei lag er auf seinem Bett.

Weiter üben

▸ Seite 74

▸ Seite 76

▸ Seite 77

Lösungen zu Seite 97

1 Bruno isst gern Mandarinen.
Lisa nascht lieber eine Praline.
Frau Berg schaut in ihre Tasche.
Sie sucht ihren Ring.
Der Schlosser muss die Maschine reparieren.
Frank soll ihm dabei helfen.

2 Frau Sommer sagt:
„Die Tafel ist ganz schmutzig.“
Nelly fragt: „Soll ich sie abwischen?“
Frau Sommer antwortet: „Ja, bitte!“
Sabine ruft: „Oh, der Schwamm ist weg!“

3 Mögliche Lösungen: Die Kinder fuhren am
Wochenende mit der Draisine in den Kletterpark.
In den Kletterpark fuhren die Kinder
am Wochenende mit der Draisine.
Fuhren die Kinder mit der Draisine
am Wochenende in den Kletterpark?

Weiter üben

▸ Seite 90

▸ Seite 91

▸ Seite 92

▸ Lernergebnisse überprüfen

Lösungen zu Seite 97

4 Ich spiele jede Woche Fußball.
Zum Training fahre ich mit dem Fahrrad.
Auf dem Rasen trage ich besondere Schuhe.
Vom Trainer bin ich als Verteidigerin eingestellt.
Gestern habe ich gut gespielt.

Weiter üben

▸ Seite 93

Lösungen zu Seite 113

1 fließen, messen, küssen, schließen, heißen, passen

Weiter üben

▸ Seite 106

2 Das Kätzchen schleckt Milch aus der Schüssel.
Das süße Kaninchen macht mir viel Spaß.
Das Nilpferd steht in der Nähe des Flusses und frisst. Unser Hund hat die Vase mit dem Blumenstrauß umgestoßen.

▸ Seite 106

3

Präsens	Präteritum	Grundform
es gießt	es goss	gießen
er vergisst	er vergaß	vergessen
er beißt	er biss	beißen
er lässt	er ließ	lassen
sie weiß	sie wusste	wissen
sie schließt	sie schloss	schließen
er isst	er aß	essen
er heißt	er hieß	heißen
er frisst	er fraß	fressen
es fließt	es floss	fließen

▸ Seite 106, 128

4 Lukas, der Pizzabäcker
Am Wochenende half Lukas seiner Mutter in der Küche. Er schnitt dünne Scheiben vom Käse ab. Anschließend legte seine Mutter diese auf die Pizza. Danach schob sie das Blech in den Ofen. Nach einer halben Stunde holte Lukas die Pizza heraus. Das heiße Blech fasste er mit dem Topflappen an. Die Pizza schmeckte allen gut.

▸ Seite 107, 108

▸ Lernergebnisse überprüfen

Lösungen zu Seite 133

Weiter üben

1 Stiel – viel – (mögliche Lösung) fiel,
tief – rief – (mögliche Lösung) schlief,
wiegen – kriegen – (mögliche Lösung) siegen

▸ Seite 124

2 Das Bild hängt in einem Rahmen.
Die Lehrerin kommt mit ihrer Tasche
in die Klasse.
An meinem Fahrrad ist die Klingel kaputt.

▸ Seite 126

3 Mögliche Lösungen:
Wörter mit hl: Fehler, wählen
Wörter mit hn: Bahn, Zahn
Wörter mit hr: Lehrer, bohren
Wörter mit hm: Rahmen, zahm

▸ Seite 126

4

Präteritum	Perfekt
er gab	er hat gegeben
sie beobachtete	sie hat beobachtet
er zog	er hat gezogen
sie flog	sie ist geflogen

▸ Seite 126,
128

5 bleiben, schreiben, lügen, fliegen

▸ Seite 128

6-7 Gestern <u>beobachtete</u> <u>ich</u> mit dem Fernglas
viele Tiere.
Mit dem Fernglas <u>beobachtete</u> <u>ich</u> gestern
viele Tiere.

▸ Seite 129

8 Max und Moritz I schleichen I am Abend I
in die Backstube.

▸ Seite 129

▸ Lernergebnisse überprüfen

Wichtige Fachwörter

Adjektiv: Adjektive sind Wörter, mit denen man genauer sagen kann, wie etwas aussieht, wie etwas ist: *schön, klein, hoch*. Mit ihnen kann man Dinge vergleichen; man kann sie steigern. Es gibt eine Grundstufe, eine Mehrstufe und eine Meiststufe. Adjektive können zwischen Artikel und Nomen (Substantiv) stehen: *der kleine Kater*.
▶ Seite 40, 41, 59

Alphabet: Das Alphabet besteht aus den 26 Buchstaben des ABCs von A bis Z.
▶ Seite 32

Anführungszeichen (Redezeichen): Anführungszeichen werden zu Beginn und zum Schluss der wörtlichen Rede gesetzt. Sie zeigen in einem Text, wo die wörtliche Rede beginnt und endet: *Der Junge ruft: „Das ist schön!"*
▶ Seite 91

Artikel: Die kurzen Wörter, die vor einem Nomen (Substantiv) stehen, nennt man Artikel: *der, die, das, ein, eine*. An den Artikeln kann man die Nomen (Substantive) erkennen: *der Löffel, die Gabel, das Messer, ein Teller, eine Tasse*.
▶ Seite 20, 59

Ausrufezeichen: Am Ende eines Satzes setzt man ein Ausrufezeichen, wenn man etwas ausruft oder jemanden nachdrücklich zu etwas auffordert.
▶ Seite 91

Bestimmungswort: Bei einem zusammengesetzten Nomen (Substantiv) nennt man den ersten Teil Bestimmungswort: *Apfel-kuchen*.
▶ Seite 57, 58

Dehnungs-h: Das Dehnungs-h zeigt an, dass der Selbstlaut, der davor steht, lang ausgesprochen wird: *füh-len*.
▶ Seite 126

Doppelpunkt: Einen Doppelpunkt setzt man am Ende eines Redebegleitsatzes der wörtlichen Rede. Doppelpunkte machen darauf aufmerksam, dass nach ihnen etwas Wichtiges kommt: *Sie sagte: …*
▶ Seite 91

doppelter Mitlaut: Ein doppelter Mitlaut entsteht, wenn man denselben Buchstaben verdoppelt. Die häufigsten doppelten Mitlaute sind: *ff, ll, mm, nn, pp, rr, ss, tt*.
▶ Seite 35, 54

doppelter Selbstlaut: Es gibt einige wenige Wörter, in denen der Selbstlaut verdoppelt wird: *See, Waage, Boot, …*
▶ Seite 55

Einzahl: Nomen (Substantive) können in der Einzahl stehen: *das Haar, ein Haar*, aber auch in der Mehrzahl: *die Haare, viele Haare*.
▶ Seite 39

Figur: Eine Person, ein Fabeltier oder ein anderes lebendiges Wesen in einem Erzähltext nennt man eine Figur.
▶ Seite 70

Fragezeichen: Wenn man jemanden etwas fragt, setzt man am Ende dieses Fragesatzes ein Fragezeichen.
▶ Seite 91

Großschreibung: Nomen (Substantive) schreibt man groß. Am Satzanfang schreibt man groß.
▶ Seite 20, 21

Grundform – gebeugte Form: Im Wörterbuch stehen die Verben in der Grundform. Die Grundform hat immer ein -en am Ende: *sehen, laufen, fangen*. In einem Satz stehen Verben meistens in der gebeugten Form: *ich sehe, du läufst, sie fängt*.
▶ Seite 75, 76

Grundstufe, Steigerungsstufen: Die einfache Form eines Adjektivs nennt man Grundstufe: *schön, lang, …* Die Steigerungsstufen, mit denen man etwas vergleicht, heißen Mehrstufe und Meiststufe: *schöner, am schönsten*.
▶ Seite 41

Grundwort: Bei einem zusammengesetzten Nomen (Substantiv) nennt man den zweiten Teil Grundwort: *Apfel-kuchen*.
▶ Seite 57

Information: Eine Neuigkeit, die uns jemand mitteilt, nennt man Information. ▶ Seite 122

Laut: Laute nennt man die Buchstaben von A bis Z, wenn sie ausgesprochen werden. Laute kann man hören, Buchstaben kann man sehen. Es gibt Selbstlaute und Mitlaute. ▶ Seite 17

Mehrzahl: Von Nomen (Substantiven) kann man eine Mehrzahl bilden: *die Bäume, die Häuser*. Mit der Mehrzahl sind immer mehrere Dinge gemeint. ▶ Seite 39

Mitlaut: Mitlaute sind Laute, bei denen beim Sprechen die Lippen, die Zunge oder die Zähne mitklingen: *b, c, d, f, g, h, j, k, l, m, n, p, q, r, s, t, v, w, x, z*. ▶ Seite 35, 54, 73, 74

Name: Ein Mensch hat einen Namen: einen Vornamen wie *Niklas* und einen Familiennamen (oder Nachnamen) wie *Müller*. Auch Tiere und Pflanzen können Namen haben: *Maikäfer, Glockenblume*. Namen haben ebenfalls Städte, Länder und Straßen: *Köln, Deutschland, Bergstraße, …* ▶ Seite 6, 94

Nomen: Nomen (Substantive) sind die wichtigsten Wörter in unserer Sprache. Sie werden deshalb großgeschrieben. Nomen (Substantive) bezeichnen Lebewesen (*Kind, Pflanze, Fisch, …*), Gegenstände (*Haus, Bleistift, Tisch, …*), Gefühle und Gedanken (*Spaß, Angst, Klugheit*). ▶ Seite 20, 21

Perfekt: Das Perfekt ist eine Zeitform. Man verwendet sie vor allem, wenn man mündlich über etwas Vergangenes spricht: *Ich habe gespielt*. ▶ Seite 127, 128

Personalpronomen: Sie sind kurze Wörter, die man für Nomen (Substantive) einsetzen kann: *Sie hilft der Freundin – Sie hilft ihr* ▶ Seite 38

Prädikat: Das Prädikat ist ein Satzglied. Es sagt aus, was einer tut oder was geschieht: *Die Köchin kocht*. ▶ Seite 92, 93, 129

Präsens: Das Präsens ist eine Zeitform. Man verwendet sie vor allem, wenn man über etwas spricht oder schreibt, das in der Gegenwart geschieht: *Ich spiele gerade*. ▶ Seite 75, 76

Präteritum: Das Präteritum ist eine Zeitform. Man verwendet sie vor allem, wenn man über etwas Vergangenes schreibt: *Ich spielte gestern Fußball*. ▶ Seite 77

Punkt: Einen Punkt setzt man, wenn ein Satz zu Ende ist. Punkte grenzen Sätze voneinander ab. ▶ Seite 91

Redebegleitsatz: Wer etwas sagt, steht im Redebegleitsatz. Was einer sagt, steht in der wörtlichen Rede: *Amelie sagt: „Gib mir den Ball!"* ▶ Seite 91

Satz: Ein Satz besteht aus Wörtern, die zu einem Gedanken zusammengeschlossen werden: *Wir haben einen Teich. Darin schwimmen Fische*. Am Ende eines Satzes setzt man einen Punkt, ein Ausrufezeichen oder ein Fragezeichen Der neue Satz fängt mit einem großgeschriebenen Wort an. ▶ Seite 91

Satzarten: Die Satzarten sind: der Aussagesatz mit einem Punkt am Ende, der Ausrufesatz mit einem Ausrufezeichen am Ende, der Fragesatz mit einem Fragezeichen am Ende. ▶ Seite 91

Satzglied: Was ein Satzglied ist, bekommt man durch Umstellproben heraus. Jeder Teil eines Satzes, den man an den Anfang eines Satzes umstellen kann, ist ein Satzglied. Satzglieder können aus einem oder aus mehreren Wörtern bestehen: *Ich gehe jetzt ins 2. Schuljahr. Jetzt gehe ich ins 2. Schuljahr. Ins 2. Schuljahr gehe ich jetzt. Gehe ich jetzt ins 2. Schuljahr?* ▶ Seite 92, 93, 129

Satzkern: Subjekt und Prädikat bilden den Satzkern. Ein Satz kann auch nur aus Subjekt und Prädikat bestehen: *Das Mädchen läuft.* ▶ Seite 92, 93, 129

Satzschlusszeichen: Satzschlusszeichen sind die Zeichen, die man am Ende eines Satzes setzt: Punkt, Fragezeichen, Ausrufezeichen. ▶ Seite 91

Selbstlaut: Selbstlaute sind Laute, die beim Sprechen selbst klingen: *a, e, i, o, u*, aber auch *ä, ö, ü, au, ei, eu.* Es gibt kurze Selbstlaute und lange Selbstlaute. ▶ Seite 17, 55

Silbe: Silben sind Teile von Wörtern. Wörter können aus einer oder aus mehreren Silben bestehen: *Mai, Ju-ni, De-zem-ber.* Beim deutlichen Sprechen kann man die Silben hören. ▶ Seite 32

steigern: Adjektive lassen sich steigern. Dadurch kann man genauer unterscheiden, wie etwas ist: *Er ist größer als ich.* ▶ Seite 41

Subjekt: Das Subjekt ist ein Satzglied. Im Subjekt wird meistens jemand genannt, der etwas tut. Das Subjekt kann man mit *wer oder was?* erfragen. **Der Maler** (wer?) *streicht die Wände an.* ▶ Seite 92, 93, 192

Substantiv: siehe Nomen

Umlaut: Umlaute sind solche Selbstlaute, die zwei Punkte über den Buchstaben haben: *ä, äu, ö, ü.* ▶ Seite 17

umstellen: Ein Satz besteht aus einer Folge von Wörtern. Einige von ihnen lassen sich an eine andere Stelle im Satz umstellen, zum Beispiel an den Anfang: *Ich esse am liebsten Spaghetti. Spaghetti esse ich am liebsten. Am liebsten esse ich Spaghetti.* ▶ Seite 92, 93

Verb: Mit Verben kann man sagen, was jemand tut oder was passiert: *Ich spiele. Der Ball kullert.* ▶ Seite 75

Wörter bilden: Wörter kann man aus Silben bilden: *Ta-ge.* Man kann sie aus Wortbausteinen bilden: *täg-lich.* Man kann sie auch bilden, indem man zwei Wörter zu einem zusammensetzt: *Spiel-platz.* ▶ Seite 18

Wortbaustein: Viele Wörter sind aus verschiedenen Bausteinen zusammengesetzt. Solche Wortbausteine kann man vorn an ein Wort anfügen *(ab|geben)* oder hinten *(witz|ig).* ▶ Seite 18, 54

Wortfamilie: Eine Wortfamilie besteht aus Wörtern, die miteinander verwandt sind. Ihre Verwandtschaft erkennt man am gleichen Wortstamm: *fahren, fährst, gefahren, Fahrer, Fahrt, Fährte, ...* Manchmal verändert sich der Wortstamm. ▶ Seite 126

Wortfeld: Ein Wortfeld besteht aus Wörtern, die etwas Ähnliches bedeuten: *gehen, laufen, rennen.* ▶ Seite 32

wörtliche Rede: Was jemand sagt, nennt man wörtliche Rede. Wörtliche Reden stehen in Anführungszeichen. Wer etwas sagt, steht im Redebegleitsatz: *Amelie sagt: „Gib mir den Ball!"* ▶ Seite 91

Wortstamm: Der Wortstamm ist der Hauptteil eines Wortes: *-spiel-.* An einen solchen Wortstamm können oft andere Wortbausteine vorn oder hinten angefügt werden: *Zu-spiel, spiel-bar, ver-spiel-en.* ▶ Seite 72, 124

Zeitform: Zeitformen sind die Formen des Verbs, mit denen man auf die Zeit hinweisen kann. Die wichtigsten Zeitformen sind das Präsens *(ich gehe),* das Perfekt *(ich bin gegangen)* und das Präteritum *(ich ging).* ▶ Seite 77

zusammengesetzte Nomen (Substantive): Mit einzelnen Nomen (Substantiven) kann man sagen, wie ein Gegenstand heißt: *Ball.* Wenn man es genauer sagen will, kann man zwei Nomen (Substantive) zusammensetzen: *Fußball, Gummiball, Tennisball.* Nomen (Substantive), die aus mehreren Wörtern zusammengesetzt sind, heißen zusammengesetzte Nomen (Substantive). ▶ Seite 57

Die Kompetenzbereiche

Kapitel	Sprechen und zuhören	Richtig schreiben
Ich – du – wir 6–25	mit Texten arbeiten; sich im Buch orientieren (4); nonverbale Äußerungen deuten (6); Gefühle ausdrücken (6); Antworten formulieren (7); Gesprächsrollen einnehmen (8); Gespräche weiterführen (8); Konflikte lösen (8, 15); Rollenspiel gestalten (9); Sprechanlässe wahrnehmen: Berichten (10); Vorhaben diskutieren (12); eine eigene Meinung äußern (13); Gesprächsregeln beachten (15, 16); Ergebnisse reflektieren (15, 16); Fragen beantworten (16)	Wörter bilden: Adjektive (6, 18); Wörterverzeichnisse nutzen (14); Alphabet als Ordnungsprinzip kennen (14); Rechtschreibstrategie anwenden: Mitsprechen (17); Vokallänge prüfen (17); Rechtschreibstrategie anwenden: Ableiten (18); Adjektive mit den Wortbausteinen -ig und -lich schreiben (18); Rechtschreibstrategie erforschen (19); Rechtschreibstrategie anwenden: Abschreiben (20); Wörter bilden: Nomen/Substantive (21); Rechtschreibstrategien, Arbeitstechniken und Übungsformen anwenden (23–25); Lernprozesse reflektieren (25)
Leben auf dem Land 26–45	Gesprächsbeiträge einbringen (26); sprachliche Gebrauchsform anwenden: Begründen (26); verstehend zuhören (29); sich informieren (29); aktiv zuhören (30); Konflikte lösen (33); Vorhaben diskutieren (33); Gesprächsregeln beachten (34); Gesprächsbeiträge themenorientiert einbringen (34)	Übungsformen anwenden: Ordnen (28); sprachliche Strukturen kennen: Mitlaute (28); Rechtschreibstrategie anwenden: Ableiten (30, 36, 37); selbstständig Übungsformen anwenden (32); Rechtschreibstrategien anwenden (32); Rechtschreibhilfen nutzen: Wörterverzeichnis (35); Arbeitstechnik anwenden: Schreiben (35); Wörter mit doppelten Mitlauten schreiben (45); Reimwörter schreiben (37); Rechtschreibstrategien, Arbeitstechniken und Übungsformen anwenden (43, 44, 45); Lernprozesse reflektieren (45)
Vom Wasser und vom Wetter 46–65	aktiv zuhören: Stichpunkte formulieren (46); Texte und Bilder zuordnen (50); nonverbale Äußerungen deuten (51)	Wörter mit rechtschreiblichen Besonderheiten: doppelter Selbstlaut (48); Rechtschreibstrategien erforschen (53); Rechtschreibstrategie anwenden: Merken (54, 55); Zusammentreffen gleicher Buchstaben beachten (54); Wörter mit doppeltem Selbstlaut (Vokal) schreiben (55); Rechtschreibstrategien, Arbeitstechniken und Übungsformen anwenden (63–65); Lernprozesse reflektieren (65)
Bücher und andere Medien 66–83	Fachbegriffe anwenden (68); ein Kinderbuch vorstellen (68); Vermutungen äußern (69); Fragen stellen, Antworten geben (78)	Wortfamilien bilden (66, 72); Rechtschreibstrategie anwenden: Wörter mit ä und äu ableiten (67, 72); Reimwörter mit tz und ck finden (70, 73); Rechtschreibstrategie anwenden: Merken (73); Rechtschreibstrategie anwenden: Verlängern (74) Wörter mit ng und nk schreiben (74); Rechtschreibstrategien, Arbeitstechniken und Übungsformen anwenden (81–83); Lernprozesse reflektieren (83)
Früher und heute 84–97	Rollenspiele gestalten (86; 91); Fragen stellen (86); Informationen aus Bildern entnehmen (87); gezielt Informationen sammeln (87)	Rechtschreibstrategie anwenden: Wörter mit i und ih merken (90); Satzanfänge großschreiben (91, 92); Rechtschreibstrategien, Arbeitstechniken und Übungsformen anwenden (95–97); Lernprozesse reflektieren (97)
Gesund leben 98–113	Beobachtungen darstellen (98); sprachliche Gebrauchsformen kennen: Begründen (99); vor anderen sprechen (100)	Rechtschreibstrategie: Wörter mit ß und ss mitsprechen (99, 105, 106); Rechtschreibstrategien, Arbeitstechniken und Übungsformen anwenden (111–113); Lernprozesse reflektieren (113)
Große und kleine Tier 114–133	Fragen stellen, Antworten geben (116); mithilfe von Wortkarten strukturiert erzählen (116); Sachverhalte vortragen (122); mithilfe von Wortkarten strukturiert berichten (123)	Rechtschreibstrategie: Wörter mit ie merken (114, 124); Rechtschreibstrategie anwenden: Wörter mit Dehnungs-h merken (120, 126), Reimpaare bilden (124); Rechtschreibstrategien erforschen (125); Wortfamilien bilden (125); Rechtschreibstrategien, Arbeitstechniken und Übungsformen anwenden (131-133); Lernprozesse reflektieren (133)
Im Jahreskreis 134–143	Bilder und Texte zuordnen (134); Fragen stellen, Antworten geben (135); mithilfe von Wortkarten strukturiert berichten (135, 140); Vorhaben diskutieren (138); mithilfe von Wortkarten planen (138); Fragen stellen, Antworten geben (140);	

Sprache untersuchen	Texte verfassen	Lesen
Wortarten kennenlernen: Adjektive (6, 9) Wortarten kennenlernen: Nomen/Substantive (7, 18, 20, 21); Wirkung von Sprache reflektieren (9); Wortarten kennen (14, 20, 21); Lernprozesse reflektieren (25)	Texte überarbeiten (10, 22); Piktogramme gestalten (11); für andere schreiben (13); zu Texten Stellung nehmen (22); Texte verfassen (22); Übungsform anwenden: Abschreiben (23)	Piktogramme nutzen (11); Textsorten kennenlernen: Protokoll (12)
Wortarten kennen: Pronomen (26, 38); Nomen/Substantiv erschließen: Einzahl/Mehrzahl (27, 39); Adjektiv: Grundform und Vergleichsstufen kennen (29, 41); Arbeitstechnik anwenden: Abschreiben, Markieren (39, 40); Wortarten kennen: Adjektive (40); Lernprozesse reflektieren (45)	für sich und andere schreiben (33); Übungsform anwenden: Abschreiben (43)	mit Texten arbeiten (27, 30); mit Texten und Bildern arbeiten (28); mit Texten arbeiten: Bastelanleitung (31); Texte überarbeiten (42)
Wortarten kennen: Adjektive, Nomen (47); Wörter bilden: Zusammensetzen (49); mit Sprache experimentieren (56); Wörter bilden: zusammengesetzte Nomen (Substantive) (57, 58); Grund- und Bestimmungswort kennen (57, 58); Adjektive verwenden (59); Strukturen erkennen (59); Nomen (Substantive) großschreiben (59); Rechtschreibstrategien, Arbeitstechniken und Übungsformen anwenden (63–65); Lernprozesse reflektieren (65)	Schreibprozess planen: Überschrift (48); Schreibanlass nutzen: eine Geschichte weiterschreiben (49); Sachtext ergänzen und abschreiben (50); für sich und andere schreiben (52); Texte gestalten: Gedicht/Elfchen/Rondell (52); Schreibprozesse planen (60, 62); Schreibprozesse bewusst gestalten (61); Texte überarbeiten (61); Übungsform anwenden: Abschreiben (63)	Schreibanlässe nutzen (46); diskontinuierliche Texte verstehen: Karten, Symbole (47); Bilder und Texten arbeiten (60, 62); mit Texten arbeiten (60, 62); Texte erschließen (60, 62)
Zeitformen kennenlernen: Präteritum (67); Wortarten kennen: Verben (75); Verben ordnen: Grundform (Infinitiv) und gebeugte Form (76); Zeitformen unterscheiden: Präsens und Präteritum (77); Rechtschreibstrategien, Arbeitstechniken und Übungsformen anwenden (81–83); Lernprozesse reflektieren (83)	Schreibanlässe nutzen (69); Überschriften formulieren (69); Informationen zu Figuren und Handlungen sammeln und weitergeben (70); Schreibprozesse gestalten (79, 80); Übungsform anwenden: Abschreiben (81)	Textsorten kennenlernen: Märchen (66, 78); Kinderliteratur kennenlernen (68); Anleitungen erlesen und danach handeln (71); Merkmale für Märchen identifizieren (79, 80)
Wortarten kennen: Pronomen (85); wörtliche Rede kennenlernen (86); Satzglieder kennenlernen (87); Wortarten kennen: Pronomen (90); Zeichen der wörtlichen Rede setzen (91); mit Sprache spielerisch umgehen (91, 92); Satzglieder umstellen (91–93); Satzanfänge großschreiben (91, 92); Rechtschreibstrategien, Arbeitstechniken und Übungsformen anwenden (95–97); Lernprozesse reflektieren (97)	über Schrift reflektieren (84); andere Schriften kennenlernen und anwenden (84); mithilfe des Computers schreiben (85); funktionsgerecht schreiben (88); Texte überarbeiten (93); adressatengerecht schreiben (94); Übungsform anwenden: Abschreiben (95)	Textsorten kennen: Brief, Karte, Mail (85); Textsorten gezielt Informationen entnehmen (88); mit Texten arbeiten: Bastelanleitung (89); Textsorten kennen: Brief (94)
Satzglieder ermitteln (98, 107, 108); Wortarten kennen: Verben (100); Unterschiede von Sprache entdecken (102); Satzergänzungen kennen (108); Rechtschreibstrategien, Arbeitstechniken und Übungsformen anwenden (111–113); Lernprozesse reflektieren (113)	strukturiert schreiben (100); Schreibanlässe nutzen (101); Kompetenzentwicklung einschätzen mithilfe eines Portfolios (104); mit Texten arbeiten: Vorgangsbeschreibung (109); Schreibprozesse planen und gestalten (110); Übungsform anwenden: Abschreiben (111)	mit Texten arbeiten (101); Medien nutzen (102); mit Texten arbeiten: Rezept (103)
Satzergänzungen kennen (115); Satzglieder ermitteln (117); mit Sprache spielerisch und experimentell umgehen (117); Zeitformen kennenlernen und unterscheiden: Perfekt und Präteritum (118, 119, 127, 128); Wortart: Verben kennen (119); Satzglieder umstellen (129); Rechtschreibstrategien, Arbeitstechniken und Übungsformen anwenden (131–133); Lernprozesse reflektieren (133)	Begriffe ordnen (114); Schreibprozesse planen, überarbeiten und gestalten (120); Schreibanlässe kennen und nutzen (130); Übungsform anwenden: Abschreiben (131)	Bildern Informationen entnehmen (114); in Medien themenorientiert nach Informationen suchen (115); gezielt Informationen sammeln (116); Medien nutzen und einsetzen (118, 122); mit Texten arbeiten: Bastelanleitung (121), Textsorten kennen: Lexika; gezielt Informationen sammeln (123)
Wortarten kennen: Adjektiv (134); Gemeinsamkeiten und Unterschiede von Sprachen entdecken (141); Wörter bilden (141); Schreibanlässe kennen und nutzen (142); Schreibprozesse planen: Überschrift (142)	für sich und andere schreiben (134); Texte planen, überarbeiten und verfassen (136); für sich und andere schreiben (136); adressatengerecht schreiben (138); Schreibanlässe kennen und nutzen (139); Schreibprozesse planen: Überschrift (139)	Medien nutzen (135); mit Texten arbeiten: Bastelanleitung (137); mit Texten arbeiten: Rezept (143)

Pusteblume

Das Sprachbuch 3
Neubearbeitung

© 2016 Bildungshaus Schulbuchverlage
Westermann Schroedel Diesterweg
Schöningh Winklers GmbH, Braunschweig

www.schroedel.de

Druck A[1] / Jahr 2016
Alle Drucke der Serie A sind im Unterricht
parallel verwendbar.

Redaktion: Michaele Gruschka
Illustrationen: Angelika Citak, Anke Rauschen-
bach, Lisa R. Sperrle
Umschlaggestaltung:
Künkel – Büro für Gestaltung
mit einer Illustration von Bettina Kumpe
Layout: VISIO Kommunikation GmbH,
Bielefeld; Satzteam Bleifrei, Hildesheim

Druck und Bindung: westermann druck GmbH,
Braunschweig

ISBN 978-3-507-42493-7

Zum Sprachbuch 3 gehören

Arbeitsheft 3 SAS	978-3-507-42496-8
Lehrermaterialien 3	978-3-507-42499-9
Kopiervorlagen 3	978-3-507-42517-0
Digitales Schulbuch 3	978-3-507-42546-0
Digitale Lehrermaterialien 3	
mit E-Book	978-3-507-42520-0
Förderheft 3	978-3-507-49464-0
Forderkartei 3	978-3-507-49467-1
Arbeitsheft inklusiv 3	978-3-507-49473-2
Interakive Tafelbiler CDR 3	
Einzelplatzlizenz	978-3-507-42574-3
Schullizenz	978-3-507-42558-3
Lernsoftware 3 download	
Einzelplatzlizenz Windows	web-507-49482
Einzelplatzlizenz Mac	web-507-49485
Netzwerklizenz	
für Windows und Mac	web-507-49440
Lesebuch 3	978-3-507-42523-1
Lehrermaterial 3 zum Lesebuch	
mit DVD-ROM	978-3-507-42538-5
Kopiervorlagen 3	
zum Lesebuch	978-3-507-42541-5
Hör-CD 3 zum Lesebuch	978-3-507-42526-2
Werkstatt-Heft Lesen 3	erscheint 2017
Ferienheft 3	erscheint 2017
Kompetenzen	
überprüfen 2–4 + CDR	erscheint 2016
App	web-49515

Die Lizenz zum Digitalen Schulbuch
finden Sie unter www.grundschulklick.de

Bildquellen

akg-images GmbH, Berlin: 30.4 (Philippe Joudiou);
bpk - Bildagentur für Kunst, Kultur und Geschichte,
Berlin: 30.2 (F. Schäffer); Caro Fotoagentur GmbH,
Berlin: 88.1 (Teich); INTERFOTO, München: 86.1
(TV-Yesterday), 89.1 (Sammlung Rauch); Panther
Media GmbH (panthermedia.net), München: 101.2,
101.3, 101.4; Picture-Alliance GmbH, Frankfurt/M.:
30 .1 (akg-images/Paul W. John), 30.3 (akg-images/
Paul W. John), 88.2; plainpicture, Hamburg: 116.1
(PictureNature); Ravensburger Buchverlag Otto
Maier GmbH, Ravensburg: 122.1 (Der große
Ravensburger Naturführer); S. Fischer Verlag GmbH
, Frankfurt/Main: 122.2 (Meyers kleine Kinderbiblio-
thek: Die Schnecke); Thienemann-Esslinger Verlag
GmbH, Stuttgart: 70.1 (Otfried Preußler: Der Räuber
Hotzenplotz; Illustration von F.J. Tripp, koloriert von
Mathias Weber); ullstein bild, Berlin: 86.2 (image-
broker.com); Verlag Friedrich Oetinger GmbH,
Hamburg: 68 (beide: Erhard Dietl: Die Olchis und
der Geist der blauen Berge); VG BILD-KUNST,
Bonn: 142.1; Weisflog, Rainer, Cottbus: 101.1.

Textquellen

S. 52, Regen, Alfons Schweiggert, aus: Kinderge-
dichte rund ums Jahr, Falken, Niedernhausen 1989
S. 63, Seestück, Martin Möllerkies
S. 70, Der Räuber Hotzenplotz, Otfried Preußler,
Thienemann Verlag